Liebe Lehrerinnen und Lehrer,

Das Heft „Kompetenzorientierte Klassenarbeiten“ wurde als Ergänzung zu *Découvertes 1–3* bzw. *Découvertes Cadet 1–2* konzipiert.

Sie finden zu den drei Lehrwerksbänden 24 Klassenarbeiten, die sich an die Lektionen der Lehrwerke anlehnen und die alle nach dem gleichen Muster aufgebaut sind: Pro Klassenarbeit werden jeweils zwei der vier Kompetenzen **Hörverstehen, Leseverstehen, Schreiben und Sprachmittlung** abgeprüft, wobei jeweils eine Hauptkompetenz und eine Nebenkompetenz kombiniert werden.

Aus dem Inhaltsverzeichnis können Sie für jede Klassenarbeit entnehmen, welche zwei Kompetenzen in welcher Klassenarbeit geprüft werden und welche der beiden Kompetenzen im Vordergrund steht. So können Sie auswählen, an welcher Stelle im Schuljahr Sie welche Kompetenz in den Vordergrund stellen möchten. Sie können dadurch leicht auf die **spezifischen Bedürfnisse** Ihrer Lerngruppe eingehen. Darüber hinaus können Sie auch Ihre eigene Arbeitsbelastung steuern, indem Sie den jeweiligen Korrekturaufwand berücksichtigen, der z.B. bei der Korrektur des Hörverstehens deutlich geringer ist als bei der Korrektur einer Schreibaufgabe. Alle Kopiervorlagen sind außerdem als veränderbare Textdateien auf der beiliegenden CD zu finden und können von Ihnen an Ihre Bedürfnisse angepasst werden. Auf dieser CD befinden sich auch alle Hörtexte.

Thematisch orientieren sich die Aufgabenvorschläge an den Lektionen von *Découvertes 1–3* bzw. *Découvertes Cadet 1–2*. Die Aufgaben sind in authentische, kommunikative Situationen eingebettet, die realistische Kontexte der Sprachverwendung aufgreifen. Die Schülerinnen und Schüler sollen bei der Bearbeitung der Aufgaben zeigen, inwieweit sie in der Lage sind, diese realistischen Situationen sprachlich zu bewältigen.

Zu jeder Klassenarbeit finden Sie im **Lösungsblatt** sowohl Lösungen bzw. Lösungsvorschläge als auch eine Empfehlung für die **Gewichtung** der einzelnen Aufgaben. **Bewertungsgrundlage** ist die kommunikative Gesamtleistung. Lexikalische, grammatische und orthografische Teilleistungen werden nicht isoliert überprüft, sondern unterliegen der kommunikativen Funktion der Aufgabe. Bei der Bewertung sollte die jeweilige Kompetenzstufe der Lerngruppe berücksichtigt werden. Dafür finden Sie bei jedem Lösungsvorschlag in Stichwörtern mögliche lexikalische und grammatische Schwerpunkte.

Wir wünschen Ihnen und Ihren Schülerinnen und Schülern ein gutes Gelingen.

Die Autoren

Inhaltsverzeichnis

Découvertes 1 L1 / Cadet 1 L1

nom: classe: date:

1 Ecouter: Wer versteckt sich?

01 *Die Franzosen sprechen schnell, das weißt du. Hörst du folgende Wörter in den Sätzen? Wie oft hörst du sie? Kreuze die richtige Antwort an.*

Wie oft kommt das Wort im Satz vor?	Zweimal	Einmal	Nie
Satz 1: collège	☐	☐	☐
Satz 2: nouveau	☐	☐	☐
Satz 3: chien	☐	☐	☐
Satz 4: voiture	☐	☐	☐
Satz 5: professeur	☐	☐	☐

2 Ecouter: Wie viele davon?

02 *Höre gut zu und vervollständige das Gedicht mit den Zahlen, die du gehört hast.*

Tiens! _____ chiens et _____ chats

et _____ voiture sympa.

_____ filles et _____ garçons

et voici _____ prénoms!

3 Ecrire: Bonjour!

Schreibe eine kleine Szene, in der sich Herr Beckmann und Emma vorstellen.

Herr Beckmann begrüßt Emma und stellt sich vor: ____________________

Emma grüßt zurück: ____________________

Herr Beckmann fragt, wie sie heißt: ____________________

Emma antwortet: ____________________

Herr Beckmann verabschiedet sich: ____________________

Emma verabschiedet sich ebenfalls: ____________________

1 Ecouter: Wer versteckt sich?

01 **Hörtext:**

Satz 1: Bonjour, je m'appelle Théo et j'habite à Paris. Je vais au collège dans mon quartier et j'ai beaucoup de copains et de copines au collège.
Satz 2: Salut! Voilà, Thomas. Thomas est au collège, mais son chat est à la maison.
Satz 3: Voilà un chat, c'est le chat de Thomas, mais le chien, là, c'est le chien d'Emma.
Satz 4: Aujourd'hui, on va au collège avec la voiture, on est trop en retard. Viens, Malika.
Satz 5: Vous avez vu madame Bertaud? Elle n'est pas là aujourd'hui? On n'a pas d'allemand?

Lösung:

Wie oft kommt das Wort im Satz vor?	Zweimal	Einmal	Nie
Satz 1: collège	☒	☐	☐
Satz 2: nouveau	☐	☐	☒
Satz 3: chien	☒	☐	☐
Satz 4: voiture	☐	☒	☐
Satz 5: professeur	☐	☐	☒

2 Ecouter: Wie viele davon?

02 **Hörtext:**

Tiens! 2 chiens et 6 chats
et 1 voiture sympa.
3 filles et 6 garçons
et voici 9 prénoms!

Lösung:

Tiens! 2 chiens et 6 chats
et 1 voiture sympa.
3 filles et 6 garçons
et voici 9 prénoms!

3 Ecrire: Bonjour!

Lösung:

H. B. begrüsst Emma und stellt sich vor: Bonjour! Je suis monsieur Beckmann.

E. grüßt zurück: Bonjour, monsieur!

H. B. fragt, wie sie heißt: Tu t'appelles comment?

E. antwortet: Moi, je m'appelle / je suis Emma.

H.B. verabschiedet sich: Au revoir, Emma.

E. verabschiedet sich ebenfalls: Au revoir, monsieur Beckmann.

Sprache:
sich begrüßen
sich vorstellen
Zahlen 1–10

Bewertungsvorschlag:

Aufgabe 1	5 Punkte	30%
Aufgabe 2	6 Punkte	30%
Aufgabe 3	9 Punkte	40%
Summe	20 Punkte	100%

1 Lire: Eine Überraschung

Lies die kleine Geschichte.

Monsieur Lenoir aime la nature. Il entre dans un square à Paris, il regarde un arbre, un chien, un chat ... C'est sympa. Il regarde sous un banc et il trouve un papier! Il ramasse le papier. Qu'est-ce que c'est? C'est un dessin et un texte bizarre ...
Le dessin, c'est le quartier avec la rue de la Roquette.
Le texte, c'est «Dans la cour, derrière la porte, sur l'étagère, dans un carton, sous le bloc à dessin. Tu regardes et tu trouves le paradis!»
Que fait monsieur Lenoir? Dans la rue de la Roquette, il entre dans la cour et il trouve le carton et sous le bloc à dessin, il y a un papier avec une adresse: «Le paradis, c'est 9 rue de la Roquette!»
C'est bizarre! Monsieur Lenoir regarde le 9, rue de la Roquette. Mais, c'est un café[1]!

---

1 un café *hier* ein Café

a *Verbinde die verschiedenen Stationen der Geschichte in der richtigen Reihenfolge.*

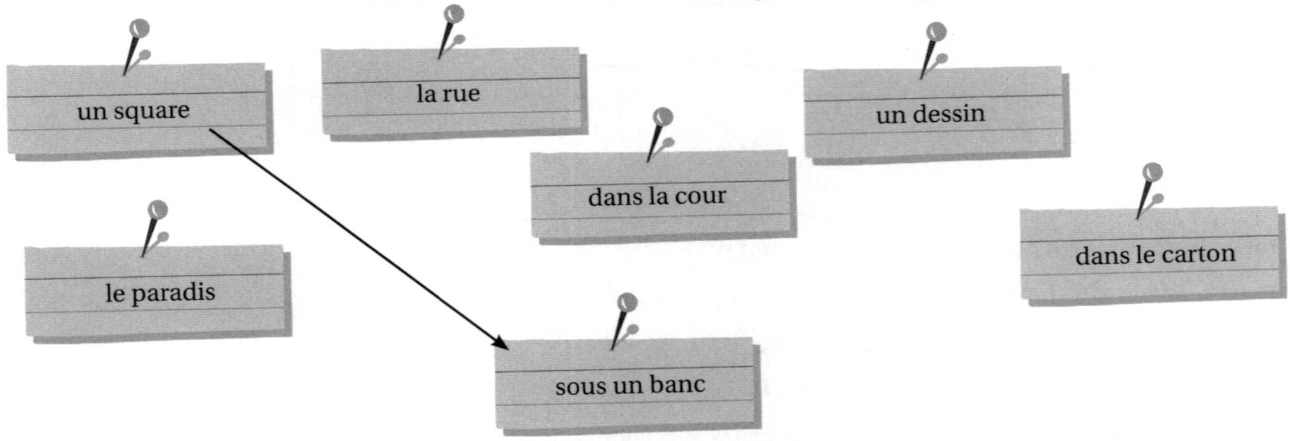

b *Finde das passende Resümee zu der Geschichte. Kreuze die richtige Antwort an.*

1. ☐	2. ☐	3. ☐
Herr Lenoir findet im Park einen Karton. Im Karton ist ein Blatt Papier mit einem Text. Er bringt das Blatt Papier zurück an die richtige Adresse: ein Café in der Rue de la Roquette.	Herr Lenoir geht in einen Park und findet ein Blatt Papier. Darauf befinden sich ein Plan und ein Text. Er folgt den Hinweisen im Text und findet eine Einladung für ein Café. Es war eine Werbung!	Herr Lenoir geht in einen Park. Dort findet er einen Notizblock und macht eine Zeichnung. Sie ist für die Eröffnung eines Cafés in der Rue de la Roquette.

2 Ecrire: Eine kleine Geschichte

Schreibe eine kleine Geschichte mit folgenden Elementen:

1 Lire: Eine Überraschung

Lösungen:

a

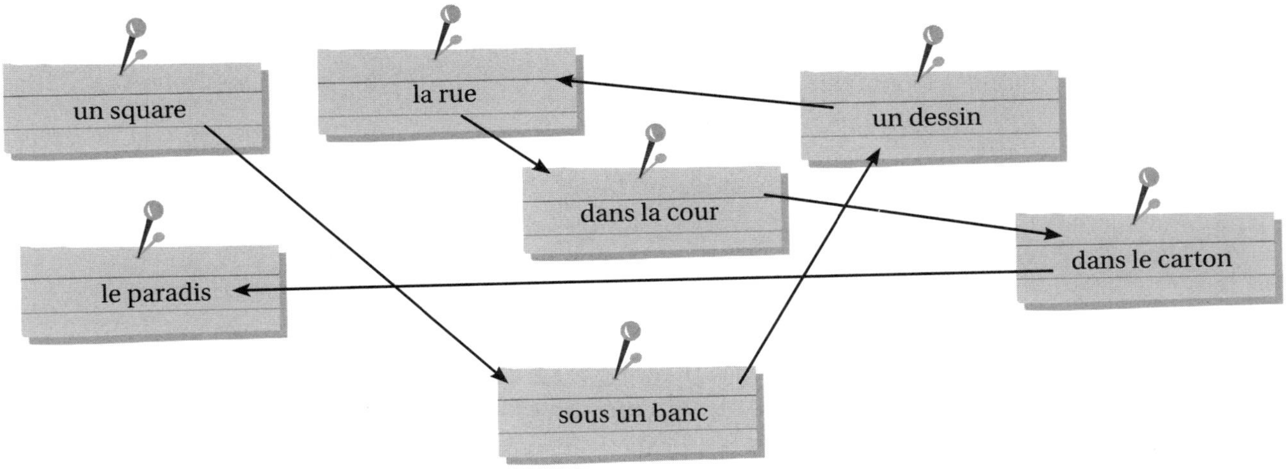

b

1 ☐	2 ☒	3 ☐
Herr Lenoir findet im Park einen Karton. Im Karton ist ein Blatt Papier mit einem Text. Er bringt das Blatt Papier zurück an die richtige Adresse: ein Café in der Rue de la Roquette.	Herr Lenoir geht in einen Park und findet ein Blatt Papier. Darauf befinden sich ein Plan und ein Text. Er folgt den Hinweisen im Text und findet eine Einladung für ein Café. Es war eine Werbung!	Herr Lenoir geht in einen Park. Dort findet er einen Notizblock und macht eine Zeichnung. Sie ist für die Eröffnung eines Cafés in der Rue de la Roquette.

2 Ecrire: Eine kleine Geschichte

Lösungsmöglichkeit:

Dans le magasin, Christian trouve une gomme et un crayon.

Il dessine le chat d'Emma.

Sprache:
Präpositionen des Ortes
Verben auf *-er*
Fragen stellen

Bewertungsvorschlag:

Aufgabe 1	6 Punkte (a: 3/b: 3)	60%
Aufgabe 2	4 Punkte (Sprache: 2/Inhalt: 2)	40%
Summe	10 Punkte	100%

nom: classe: date:

1 Ecouter: L'appartement de Manon

03 *Höre den Text und kreuze die richtige Antwort an.*

1. Qui est-ce? C'est	un garçon ☐	une fille ☐	pas dans le texte. ☐
2. Elle habite où?	à Montrouge ☐	à Paris ☐	au square Trousseau. ☐
3. La maison a	3 étages ☐	4 étages ☐	5 étages. ☐
4. Les enfants jouent	au square ☐	dans la rue ☐	dans la cour. ☐
5. Il y a	des chiens ☐	des chats ☐	des chiens et des chats. ☐

2 Ecrire: Je rêve d'un appartement …

Beschreibe deine Traumwohnung – Wie viele Zimmer hat sie? Wo liegt sie? Wer wohnt darin? Wer sind deine Nachbarn? Was befindet sich in deinem Viertel? … Du kannst so anfangen: "Je rêve d'un appartement … "

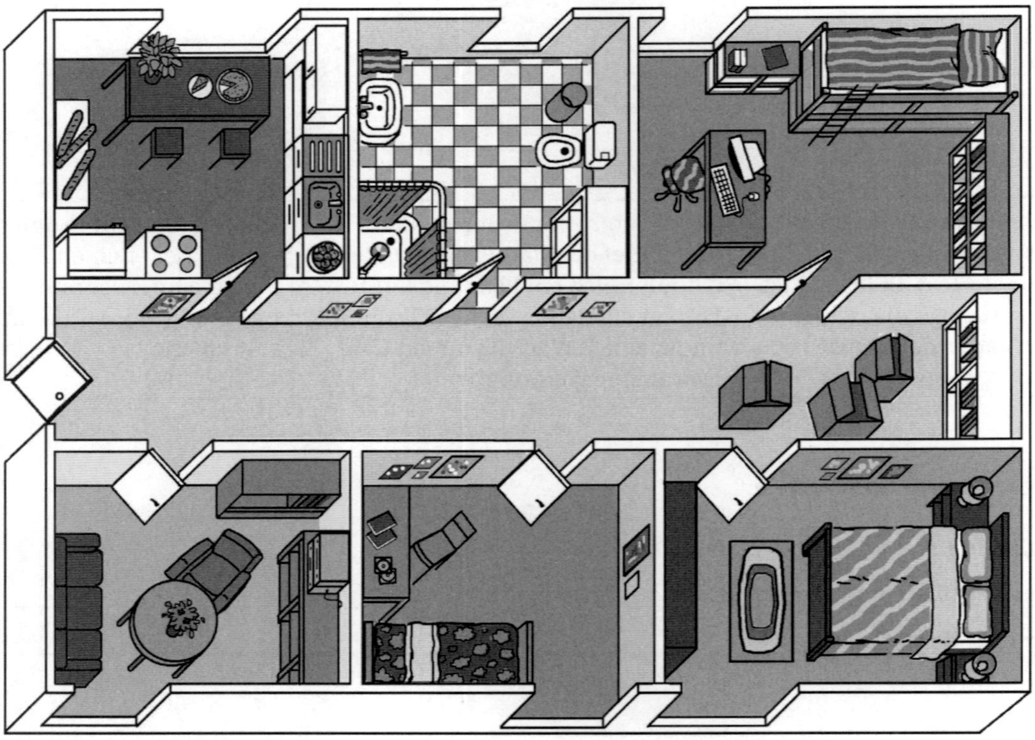

1 Ecouter: L'appartement de Manon

03 **Hörtext:**
Salut, je m'appelle Manon. J'habite dans un appartement à Montrouge. J'aime ma maison. Il y a trois étages et cinq appartements. Mes voisins sont sympas et ils respectent la nature. Ils aiment aussi le silence. Les enfants jouent dans la cour. Il y a aussi des chiens et des chats. C'est le paradis!

Lösungen:

1. Qui est-ce? C'est	un garçon ☐	une fille ☒	pas dans le texte. ☐
2. Elle habite où?	à Montrouge ☒	à Paris ☐	au square Trousseau. ☐
3. La maison a	3 étages ☒	4 étages ☐	5 étages. ☐
4. Les enfants jouent	au square ☐	dans la rue ☐	dans la cour. ☒
5. Il y a	des chiens ☐	des chats ☐	des chiens et des chats. ☒

2 Ecrire: Je rêve d'un appartement …

Lösungsbeispiel:
Je rêve d'un appartement avec neuf pièces, deux salles à manger, trois cuisines et six salles de bains. Il est dans la banlieue/dans mon quartier. Dans la maison, il y a 2 étages. Ma famille habite dans mon appartement. C'est mon père, ma mère, mes cinq frères et mes deux sœurs. Les voisins sont sympas. Ce sont mes amis/copains. Les enfants jouent dans la cour et écoutent de la musique rock. Dans le quartier, il y a des arbres et des bancs. Mon appartement est super. J'aime mon appartement.

Sprache:
Plural des Nomens
Bestimmter und unbestimmter Artikel
Possessivbegleiter *mon*
Wortschatz: Wohnung
Zahlen 1–10

Bewertungsvorschlag:

Aufgabe 1	5 Punkte	30%
Aufgabe 2	15 Punkte (Sprache: 9 Punkte; Inhalt: 6 Punkte)	70%
Summe	20 Punkte	100%

Découvertes 1 L4 / Cadet 1 L4

nom: classe: date:

1 Ecrire: Mon ami(e) idéal(e)

Wie stellst du dir deine ideale Freundin/deinen idealen Freund vor? Beschreibe sie/ihn.

- Alter
- Wohnort
- Familie: Eltern, Geschwister
- Was mag sie/er gerne oder nicht?
- Was macht sie/er gerne?
- Was macht ihr zusammen?

Du kannst so anfangen: "Mon amie(e) idéal(e) s'appelle ..."

2 Médiation: Léo cherche un correspondant[1].

Dein Freund Léo aus Frankreich sucht im Internet einen Brieffreund aus Deutschland. Er möchte sich gerne vorstellen, aber leider kann er kaum Deutsch. Du hilfst ihm dabei, anhand folgender Informationen, einen Brief auf Deutsch zu schreiben.

Léo, français, 13 ans
Montrouge (banlieue de Paris)
Cherche: correspondant allemand
Aime: allemand
N'aime pas: l'escalade (ce n'est pas un sport!)
Hobbies: le sport, (surtout) le roller, le foot et la guitare!
Fan de: Mika

Hallo, ich heiße

1 **un,e correspondant,e** ein,e BrieffreundIn

1 Ecrire: Mon amie(e) idéal(e)

Lösungsbeispiel:
Mon amie idéale s'appelle Anne. Elle a 12 ans, comme moi, et nous habitons à Berlin. Anne a un frère, Thomas. Il a déjà seize ans. Il aime le rock et il fait de la guitare électrique. Quelle horreur ! Et il est toujours devant son ordinateur. Mais il est sympa.
Anne a aussi une sœur, Julia. Julia a trois ans et nous jouons souvent avec elle dans sa chambre. Dans sa famille, il y a un chien et deux chats. J'aime bien le chien, Nathan, mais les deux chats, non merci! Je n'aime pas les chats. Anne et moi, nous faisons de la danse au club et nous faisons de la musique. Ce n'est pas toujours facile, mais c'est très bien. Anne fait de la flûte, et moi, je fais du piano. Je débute, mais nous jouons déjà pas mal ensemble. J'aime bien mon amie Anne et je suis toujours avec elle.

2 Médiation: Léo cherche un correspondant.

Lösungsvorschlag:
Hallo,
ich heiße Léo. Ich bin Franzose und wohne in Montrouge, einer Vorstadt von Paris. Ich bin 13 Jahre alt. Ich suche einen deutschen Brieffreund, weil ich Deutsch mag. Aber ich kann noch nicht gut Deutsch sprechen. Ich fange erst an, [es zu lernen]. Das sind meine Hobbies: Ich treibe Sport, vor allem gehe ich Rollschuhlaufen. Ich mag aber auch Fußball und spiele Gitarre. Ich klettere nicht gerne. Meiner Meinung nach ist das kein Sport. Ich mag es nicht. – Außerdem bin ich ein Mika-Fan!
Und du? Treibst du auch gerne Sport?
Wir können uns gerne E-Mails schreiben. Ich bin auch auf Facebook.
Tschüss
Léo

Sprache:
faire
l'article contracté
Verneinung
aimer/ne pas aimer

Bewertungsvorschlag:

Aufgabe 1	14 Punkte (Sprache: 7/Inhalt: 7)	70 %
Aufgabe 2	6 Punkte	30 %
Summe	20 Punkte	100 %

nom: classe: date:

1 Ecouter: Wegbeschreibung – Teil A

04 *Du bist in einem Viertel in Paris. Höre dir die drei Wegbeschreibungen an und schreibe auf, wo du ankommst.*

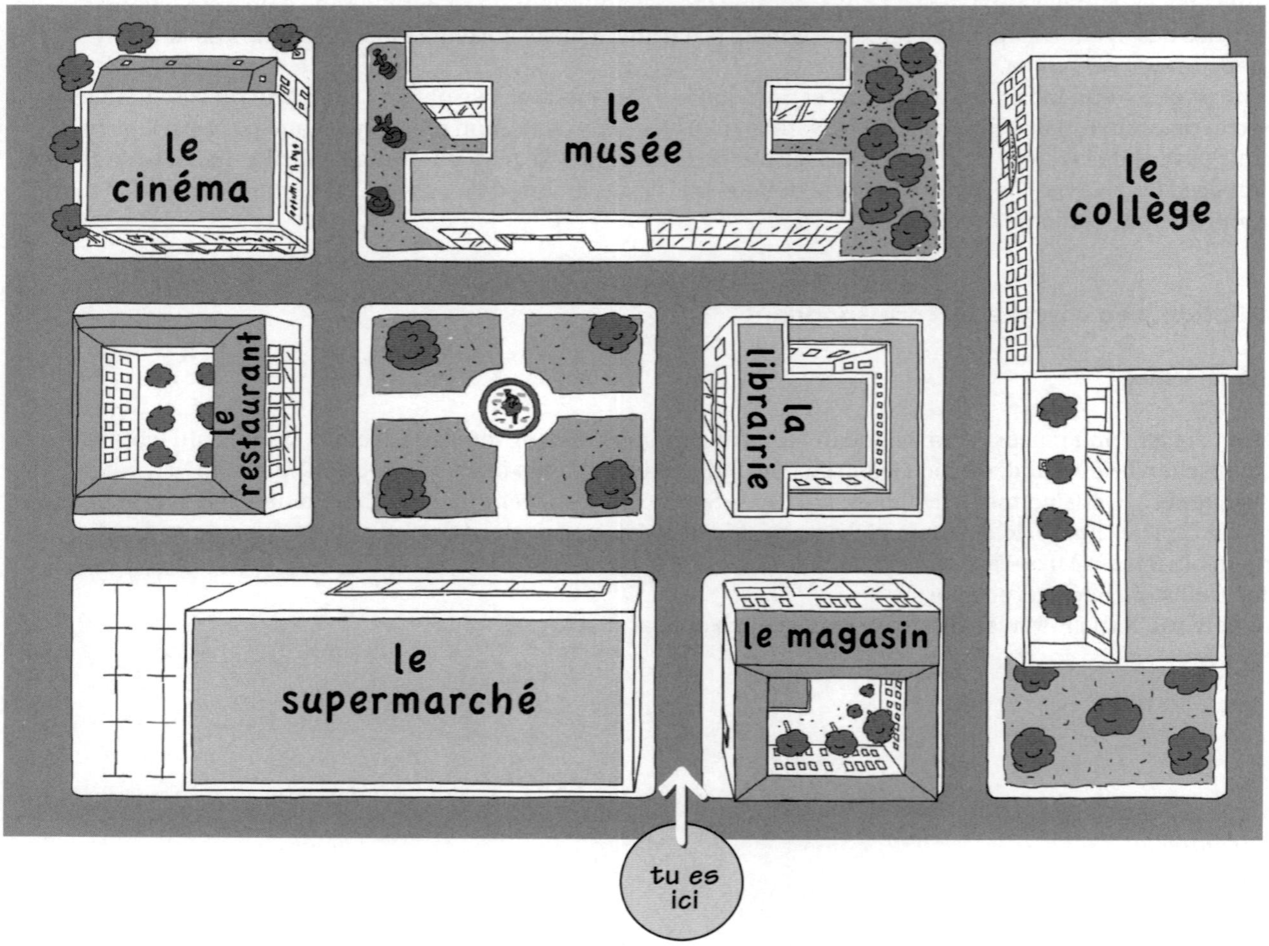

Wegbeschreibung 1: *J'arrive* ______

Wegbeschreibung 2: *J'arrive* ______

Wegbeschreibung 3: *J'arrive* ______

2 Ecrire: Wegbeschreibung – Teil B

Du kommst aus dem Collège und jemand fragt dich nach dem Weg zum Supermarkt. Es gibt mehrere Wege dahin. Wähle eine Möglichkeit. Während du den Weg erklärst, stehst du mit dem Rücken zum Collège-Eingang.

Le monsieur: *Pardon, où est-ce qu'il y a un supermarché, s'il vous plaît?* ______

Toi: *C'est facile! Vous* ______

______

______

______

1 Ecouter: Wegbeschreibung – Teil A

04 **Hörtext:**

Wegbeschreibung 1:
Alors, vous allez tout droit et vous traversez la rue.
Après la librairie, vous tournez à droite et après à gauche.
Où est-ce que vous êtes?

Wegbeschreibung 2:
Vous allez tout droit et vous arrivez dans le square.
Vous traversez le square et vous arrivez devant le musée.
Alors, vous tournez à gauche et vous traversez la rue. Et c'est là, à droite.
Où est-ce que vous arrivez?

Wegbeschreibung 3:
Vous allez tout droit.
Après la librairie, vous tournez à droite,
puis vous tournez à droite et enfin encore à droite.
Alors, où est-ce que vous êtes?

Lösungen:

Wegbeschreibung 1: J'arrive au collège

Wegbeschreibung 2: J'arrive au cinéma

Wegbeschreibung 3: J'arrive au magasin

2 Ecrire: Wegbeschreibung – Teil B

Mögliche Lösungen:

1 C'est facile, vous allez à gauche, puis vous prenez la deuxième rue à droite, vous passez devant le magasin, vous traversez la rue et vous arrivez à gauche devant le supermarché.
Cadet-Variante: C'est facile, vous allez à gauche et puis tout droit. Après la librairie, vous tournez à droite. Vous allez tout droit et vous traversez la rue. Vous arrivez à gauche devant le supermarché.

2 C'est facile, vous allez à gauche et vous prenez la première rue à droite. Vous traversez le square et vous arrivez à gauche devant un supermarché.
Cadet-Variante: C'est facile, vous allez à gauche et vous tournez à droite. Après, vous traversez le square et vous arrivez à gauche devant un supermarché.

Sprache:
einen Weg beschreiben

Bewertungsvorschlag:

Aufgabe 1	3 x 4 = 12 Punkte	60 %
Aufgabe 2	8 Punkte (Sprache: 4/Inhalte: 4)	40 %
Summe	20 Punkte	100 %

nom: classe: date:

1 Ecrire: Enfin les vacances!

Du hast deine französische Freundin/deinen französischen Freund eingeladen, dich zu besuchen. Sie/Er wird mit dir und deiner Familie in den Urlaub fahren. Du schreibst ihr/ihm eine E-Mail und erzählst, was ihr machen werdet. Vielleicht helfen dir die Bilder dabei.

De:

A:

Objet:

Salut,

nom: classe: date:

2 Lire: Isabelle a des problèmes.

Isabelle hat Probleme mit ihren Eltern. Sie schreibt einen Brief an OKAPI, eine Jugendzeitschrift, und bittet um Rat. Lies den Brief.

Cher OKAPI,

Je m'appelle Isabelle. J'ai 13 ans et j'ai des problèmes avec mes parents. Mon père est professeur de maths et ma mère est professeur d'allemand. J'ai un frère, Charles. Il travaille bien au collège, surtout en maths, et il aime le sport. Mes parents trouvent ça très bien.
Mais moi, je n'aime pas le collège. Je n'aime pas les maths, je n'aime pas l'allemand et je n'aime plus le sport ...
J'aime maintenant le théâtre et le cinéma. Je suis au club théâtre de mon collège et je joue souvent des rôles intéressants. Mes copains me trouvent super! Alors je rêve d'être un jour actrice ou réalisatrice. Mais mes parents ne sont pas d'accord et je suis souvent en colère. Mon père dit[1] toujours: «Tu ne vas plus aller au club de théâtre! Tu vas d'abord avoir de bonnes notes au collège comme ton frère, et après, tu vas trouver un bon métier. Tu vas être professeur!» Mais je n'ai pas envie!
Tu peux m'aider? Tu as une idée?

Merci beaucoup!

Isabelle

[1] **dit** sagt

Kreuze nun die richtige Antwort an.

1. Isabelle a des problèmes avec

ses copains ☐	son prof de théâtre ☐	son père et sa mère ☐

2. Elle aime

les maths ☐	le théâtre ☐	le sport ☐

3. Elle rêve d'être

prof d'allemand ☐	prof de théâtre ☐	actrice ☐

4. Son frère

n'aime pas les maths ☐	aime le sport ☐	a un bon métier ☐

5. Isabelle est

en colère ☐	d'accord avec ses parents ☐	bizarre ☐

1 Ecrire: Enfin les vacances!

Lösungsbeispiel:

Salut,

Nous allons aller en vacances ensemble. C'est super! Nous n'allons plus aller au collège, et à 11 heures, nous allons rester au lit. D'abord, nous allons aller dans les magasins avec mes copines et puis, nous allons faire du sport avec mes copains. Mon frère va tourner des films avec sa caméra et faire des photos. Après, nous allons manger au restaurant avec mes parents. Alors, ma mère ne va pas travailler dans la cuisine. Nous allons écouter de la musique et nous allons danser. A 23 h, ma sœur va encore regarder la télévision. Ça va être bien, les vacances!

Bises
X

2 Lire: Isabelle a des problèmes.

Lösungen:

1. Isabelle a des problèmes avec

ses copains ☐	son prof de théâtre ☒	son père et sa mère ☐

2. Elle aime

les maths ☒	le théâtre ☐	le sport ☐

3. Elle rêve d'être

prof d'allemand ☐	prof de théâtre ☒	actrice ☐

4. Son frère

n'aime pas les maths ☐	aime le sport ☒	a un bon métier ☐

5. Isabelle est

en colère ☒	d'accord avec ses parents ☐	bizarre ☐

Sprache:
Ferienpläne
die Verneinung *ne … plus*
das *futur composé*

Bewertungsvorschlag:

Aufgabe 1	15 Punkte (Sprache: 8 / Inhalt: 7)	70 %
Aufgabe 2	5 Punkte	30 %
Summe	20 Punkte	100 %

nom: classe: date:

1 Lire: Thomas va à Paris.

Lies den Text und beantworte die Fragen.

Thomas est français et il habite à Paris. Il est chez son copain allemand, Jörg, à Stuttgart. Aujourd'hui, il va à Paris, mais quelle histoire! A la gare de Stuttgart, il prend l'ICE de 6h00 pour Mannheim. Mais il est 6h30 et le train n'est pas là … Normal! On est le 24 décembre et il y a un problème de météo[1]: Tout est blanc! … Le train arrive enfin. Thomas monte dans le train et arrive à 7h15 à Mannheim. Est-ce qu'il va avoir son TGV pour Paris? A Mannheim, pas de TGV. Mais ça ne fait rien: Le TGV a aussi du retard. Il lit: «TGV: Retard de 1 heure». Ouf! Mais après une heure, le TGV n'est toujours pas là. Il lit: «TGV: Retard de 2 heures». Oh là là … Après 2h30, le TGV arrive. Thomas monte dans le train. Mais le TGV reste dans la gare de Mannheim … Ici aussi, tout est blanc! A midi, le train part[2] enfin de la gare de Mannheim. Thomas est content: Dans 3 heures, il est à la gare de l'Est à Paris. Mais le TGV ne va pas vite … Il arrive dans une petite gare. Zut! Dans la petite gare, Thomas prend encore un autre train, puis dans une autre gare, il prend un autre TGV pour Paris. Le soir, Thomas arrive à 20h à Paris. 14 heures pour faire Stuttgart-Paris, c'est un peu trop!

1 la météo das Wetter; **2 le train part** der Zug fährt ab

1. Warum sind die Züge so verspätet?

Der ICE hat eine Panne gehabt. ☐	Es hat geschneit. ☐	Die Bahn streikt. ☐

2. Mit wie vielen Zügen ist Thomas gefahren?

2 ☐	3 ☐	4 ☐

3. Finde einen passenden Titel für die Geschichte:

Stuttgart-Paris en 14 heures! ☐	Le TGV va très vite! ☐	Une journée sans problème. ☐

2 Médiation: A la gare

Du wartest in Paris am Bahnhofsschalter. Vor dir spricht ein Junge nur Deutsch und hat Schwierigkeiten, eine Fahrkarte zu kaufen. Du bietest ihm deine Hilfe an. Er möchte nach Berlin fahren, heute gegen 13 Uhr. Am Schalter schlägt die Beamtin einen Zug vor. Schreibe einen möglichen Dialog zwischen dir, dem Jungen und der Beamtin.

1 Lire: Thomas va à Paris

Lösungen:

1. Warum sind die Züge so verspätet?

Der ICE hat eine Panne gehabt. ☐	Es hat geschneit. ☒	Die Bahn streikt. ☐

2. Mit wie vielen Zügen ist Thomas gefahren?

2 ☐	3 ☐	4 ☒

3. Finde einen passenden Titel für die Geschichte:

Stuttgart-Paris en 14 heures! ☒	Le TGV va très vite! ☐	Une journée sans problème. ☐

2 Médiation: A la gare

Lösungsbeispiel:
Du: Kann ich dir helfen?
Junge: Gern! Ich möchte heute gegen 13 Uhr nach Berlin fahren.
Du: Bonjour, il voudrait aller à Berlin / un billet de train pour Berlin.
Angestellte: Oui, quand?
Du: Aujourd'hui à 13 heures.
Angestellte: Il y a un train à 13 h 09. Et il arrive à Berlin à 21 h 06.
Est-ce qu'il veut prendre le train de 13 h 09?
Du: Um 13.09 Uhr fährt ein Zug. Dann bist du um 21.06 Uhr in Berlin.
Junge: Den nehme ich.
Du: Oui, il prend le train de 13 h 09.
Angestellte: Alors, c'est 75 €.
Du: Die Fahrkarte kostet 75 €.
Junge: Hier ist das Geld. Kannst du bezahlen?
Du: Voilà! Merci, au revoir.

Sprache:
Reisen, am Bahnhof

Bewertungsvorschlag:

Aufgabe 1	12 Punkte	60 %
Aufgabe 2	8 Punkte	40 %
Summe	20 Punkte	100 %

nom: classe: date:

1 Ecrire: L'anniversaire de papi

Heute feiert Papi Bruno Geburtstag. Schau dir das Bild an und beschreibe die Party. Wer ist eingeladen? Was gibt es zum Essen und Trinken? Wie feiern sie alle zusammen? Was trägt Papi Bruno? Und welche Geschenke bekommt er?

2 Ecouter: On va à Paris ensemble?

05 *Höre dir den Text an und kreuze die richtige Antwort an.*

	vrai	faux	on ne sait pas
1. Mamie veut quitter Marmoutier.	☐	☐	☐
2. Léa trouve la campagne intéressante.	☐	☐	☐
3. Pour papi, Marmoutier est le paradis.	☐	☐	☐
4. Mamie aime beaucoup la campagne.	☐	☐	☐
5. A Marmoutier, papi et mamie font beaucoup d'activités.	☐	☐	☐
6. Mamie joue aussi aux boules.	☐	☐	☐
7. Papi et mamie vont rester à Paris un mois.	☐	☐	☐
8. Ils vont prendre le train le soir.	☐	☐	☐

1 Ecrire: L'anniversaire de papi

Lösungsvorschlag:
Aujourd'hui, on est le 30 juin. Papi Bruno fête son anniversaire. Il a 65 ans maintenant. Papi porte une chemise noire. Sur la table, il y a le bon gâteau au chocolat, parce que les enfants adorent le gâteau au chocolat.
Voilà déjà son cousin Gaspard et sa cousine Valérie. Valérie arrive avec une mousse au chocolat et Gaspard donne une bonne bouteille à papi.
Les voisins arrivent. Ils portent un grand gâteau et une autre mousse au chocolat.
Maintenant, il y a beaucoup de dessert, trop de dessert, mais papi adore ça, et surtout les enfants.
On fait de la musique: L'oncle Jacques joue de la guitare, la tante Zoé joue de la flûte, et Léa et Mathilde chantent.
Victor prend beaucoup de photos de la famille et de la jolie petite maison à la campagne.
Maintenant, la famille est à table et ils mangent le gâteau. Papi ouvre sa bonne bouteille. Ils sont très contents.
Tout à coup, la petite Annie crie: «Regardez! Il y a une souris grise sous la table. J'ai peur!»
Valérie crie: «Quelle horreur!»
Papi: «Ne criez pas comme ça. Moi, j'aime bien les souris.»

2 Ecouter: On va à Paris ensemble?

05 **Hörtext:**
Après la fête, les Bajot vont quitter Marmoutier. Léa parle avec sa mamie:
Léa: Mamie, toi et papi, vous ne voulez pas aller à Paris avec nous?
Mamie: Je ne sais pas. Ma maison est petite, mais j'aime beaucoup la campagne et mes animaux: Mes deux chats et mon chien. J'adore écouter les petits oiseaux dans les arbres. Et j'aime surtout le silence ici. Pour moi, c'est le paradis.
Léa: Mais à Paris, vous pouvez faire beaucoup de choses intéressantes. Vous pouvez visiter des musées et regarder les magasins. Et à Paris, il y a aussi un peu de nature … Vous pouvez rester à la maison trois ou quatre jours.
A Marmoutier, il y a peu de choses intéressantes.
Mamie: Ce n'est pas vrai. Nous pouvons faire beaucoup d'activités à la campagne: Papi joue souvent aux boules avec des amis; moi, je fais du tennis. Les voisins, les cousins et les cousines sont toujours près de nous. Nous jouons aux cartes, nous discutons, nous chantons dans un club, et nous restons des heures dans la nature.
Et le soir, papi joue du piano à la maison et nous n'avons jamais de problèmes avec nos voisins.
Léa: Bof! Ce n'est pas intéressant! Trois ou quatre jours à Paris, c'est super!
Mamie: Bon, d'accord. Trois ou quatre jours, ça va. Quand est-ce qu'il y a un train?
Léa: Vous avez un train à 8 h 25. Il arrive à Paris à midi.
Mamie: 3 heures et demie de train? C'est vrai, ça va vite! Mais je vais d'abord demander à papi s'il est d'accord.
Léa: C'est super! Merci, mamie.

Lösungen:	vrai	faux	on ne sait pas
1. Mamie veut quitter Marmoutier.		X	
2. Léa trouve la campagne intéressante.		X	
3. Pour papi, Marmoutier est le paradis.			X
4. Mamie aime beaucoup la campagne.	X		
5. A Marmoutier, papi et mamie font beaucoup d'activités.	X		
6. Mamie joue aussi aux boules.			X
7. Papi et mamie vont rester à Paris un mois.		X	
8. Ils vont prendre le train le soir.		X	

Sprache:
Geburtstag feiern
Adjektive
beaucoup de / trop de
jouer de / à

Bewertungsvorschlag:

Aufgabe 1	12 Punkte (Sprache: 6/Inhalt: 6)	60 %
Aufgabe 2	8 Punkte	40 %
Summe	20 Punkte	100 %

nom: classe: date:

1 Lire: On déménage?

Lucas habite à Paris avec sa famille. Son père est français et sa mère est allemande. Ils sont en France depuis 20 ans et Lucas a toujours été en France. Il parle un peu allemand, mais pas beaucoup, et ses amis sont français. Pendant les vacances, ils vont un peu dans la famille de sa mère, près de Stuttgart. Mais à Paris, il a son collège, ses copains et ses copines.

Un jour, son père trouve du travail près de Stuttgart, et sa mère est contente: Elle a toujours aimé Paris, mais elle aime aussi l'Allemagne, et puis elle a ses parents et ses frères à Stuttgart. Mais Lucas? Quand son père lui dit qu'ils vont quitter Paris, il est très en colère:

Le père: J'ai trouvé un très bon travail près de Stuttgart. Et puis les appartements ne sont pas chers là-bas.
Lucas: Mais moi, j'ai toujours habité à Paris et je ne parle pas bien allemand.
La mère: Mais tu vas voir, tu vas vite apprendre. Tu vas aller au collège et en 3 mois, tu vas bien parler! Moi aussi, j'ai appris très vite à Paris!
Lucas: Oui, mais je n'ai pas du tout envie! Bon, j'ai mes oncles et mes grands-parents là-bas, mais je n'ai pas de copains!
Le père: Tu vas trouver d'autres copains!
Lucas: Ce n'est pas la même chose. Et puis, je vais avoir des problèmes au collège. Ce n'est pas le même programme! Et les maths en allemand, quelle horreur!
La mère: Oui, je te comprends, Lucas. Mais tu sais, à Stuttgart, je vais aussi trouver du travail. Ce n'est pas facile ici. Je ne peux pas travailler parce que je n'ai pas un diplôme français …
Lucas: Oui, je sais … Mais c'est triste[1] et à Stuttgart, il ne fait jamais beau …
Le père: Je n'ai pas encore dit oui. Je ne veux pas non plus quitter Paris, mais c'est une chance, ce travail là-bas …

1 triste traurig

Lis le texte et réponds aux questions.

1. Les parents de Lucas veulent …

aller en vacances à Stuttgart ☐	déménager en Allemagne ☐	déménager en France. ☐

2. Qui a trouvé du travail en Allemagne?

Lucas ☐	le père de Lucas ☐	la mère de Lucas. ☐

3. Lucas …

est content ☐	est en colère ☐	trouve ça bien. ☐

4. Lucas …

veut rester à Paris ☐	veut aller à Stuttgart ☐	ne sait pas. ☐

2 Ecrire: Un e-mail

Ton ami Pierre ou ton amie Marie déménage. Tu es triste. Tu écris un mail à Pierre ou Marie.

1 Lire: On déménage?

Lösungen:

1. Les parents de Lucas veulent …

aller en vacances à Stuttgart ☐	déménager en Allemagne ☒	déménager en France. ☐

2. Qui a trouvé du travail en Allemagne?

Lucas ☐	le père de Lucas ☒	la mère de Lucas. ☐

3. Lucas …

est content ☐	est en colère ☒	trouve ça bien. ☐

4. Lucas …

veut rester à Paris ☒	veut aller à Stuttgart ☐	ne sait pas. ☐

2 Ecrire: Un e-mail

Lösungsbeispiel:
Chère Marie / Cher Pierre, Salut Marie / Pierre!
Tu vas bientôt déménager. Quelle horreur! Je suis un peu triste et j'ai peur. Ça ne va pas être facile, mais je ne vais pas oublier mes amis … Tu vas venir en Allemagne? Et moi aussi, je vais aller en France! Et puis, il y a Internet …
Bises et à bientôt!
XXX

Sprache:
argumentieren
seine Gefühle ausdrücken
Passé composé mit *avoir*
ne … pas encore, ne … pas non plus, ne … pas du tout

Bewertungsvorschlag:

Aufgabe 1	4 Punkte	60 %
Aufgabe 2	3 Punkte (Sprache: 2/Inhalt: 1)	40 %
Summe	7 Punkte	100 %

nom: classe: date:

1 Médiation: Où passer les vacances?

Deine Eltern möchten mit dir in den Herbstferien nach Frankreich fahren. Du sollst ihnen bei der Wahl des Reiseziels helfen. Im Internet hast du diese zwei Anzeigen über Korsika und das Burgund gefunden. Schreibe in Stichworten auf Deutsch auf, was deine Eltern über die beiden Reiseziele wissen müssen. Schreibe in dein Heft oder auf ein loses Blatt.

2 Ecrire: Salut de ...

Tu es en vacances. Regarde les dessins et écris une carte postale à ton ami(e) français(e).
Réponds aux questions: Quand est-ce que tu es parti(e)? Tu es où maintenant? Tu es arrivé(e) en train? En voiture? Avec qui? Qu'est-ce tu as fait? Ou qu'est-ce que tu n'as pas fait? …
Tu peux commencer par: Cher/Chère … /Salut … /Salut de …

1 Médiation: Où passer les vacances?

Lösungsbeispiel:

1. Korsika
1000 km Küste – Berge bis 2000 m Höhe – viel Sonne – kulturelles Angebot – sportliches Angebot: Kanu, Volleyball, Fußball, Quad fahren

2. Bourgogne
nur 300 km von Paris entfernt – historische Städte – Kathedralen – Parks – Gärten – sportliches Angebot: Fahrrad fahren, Kanu, Klettern

2 Ecrire: Salut de ...

Lösungsvorschlag:
Salut d'Italie! Nous sommes partis avec ma famille samedi matin et nous sommes arrivés le soir après 13 heures de voiture. Ouf! Mais ici en Italie, c'est cool! Il y a beaucoup d'activités. Hier, j'ai fait du foot avec des copains et nous avons fait du sport en famille. Aujourd'hui, j'ai fait du vélo, mais je n'ai pas fait de foot. Le temps est super: Il y a beaucoup de soleil et il fait toujours 26 degrés. Alors, nous sommes contents: En Italie, c'est super sympa!
Bises
XXX

Sprache:
Passé composé mit *avoir* und *être*
über Vergangenes berichten
touristische Attraktion
von einem erlebnisreichen Tag erzählen

Bewertungsvorschlag:

Aufgabe 1	6 Punkte	30 %
Aufgabe 2	14 Punkte (Inhalt: 6 / Sprache: 8)	70 %
Summe	20 Punkte	100 %

nom: classe: date:

1 Ecouter: Une bonne idée?

06 Zoé et Léa ont un copain, Lucien. Ecoute l'histoire en 4 parties et réponds aux questions.
Welche Aussage trifft zu? Kreuze an.

Teil 1

☐ Zoé n'aime pas Léa parce que c'est la copine de Lucien.
☐ Zoé, Léa et Lucien sont souvent ensemble. Les filles veulent savoir qui Lucien aime.
☐ Zoé aime Lucien, mais Léa n'est pas d'accord.

Teil 2

☐ Zoé veut aller au cinéma avec Lucien sans Léa, mais Lucien voudrait sortir avec les deux filles.
☐ Zoé veut aller au cinéma avec Léa et Lucien, mais Léa ne peut pas.
☐ Zoé veut aller au cinéma avec Léa et Lucien, mais Lucien ne peut pas.

Teil 3

☐ Léa demande à Lucien d'envoyer un SMS à Zoé pour aller au cinéma.
☐ Lucien va envoyer un SMS à Zoé pour donner l'heure du film avec Audrey Tautou.
☐ Léa veut aller au cinéma avec Lucien, sans Zoé, mais Lucien ne dit rien.

Teil 4

☐ Lucien a compris l'idée de Zoé et de Léa.
☐ Lucien n'a pas envie d'aller au cinéma.
☐ Lucien va aller au cinéma avec Léa.

☐ Lucien va au cinéma avec ses copains. Léa et Zoé vont au cinéma ensemble.
☐ Lucien, Zoé et Léa vont au cinéma avec des copains.
☐ Lucien ne veut plus être ami avec Léa et Zoé.

A la fin de l'histoire, Léa et Zoé rigolent. Pourquoi?

☐ Lucien est trop bête!
☐ Elles ont été bêtes, alors elles vont aller au cinéma sans Lucien!
☐ Elles n'aiment plus Lucien.

2 Médiation: Nos voisins

Une famille française arrive dans ton quartier. Tu présentes *(vorstellen)* ton nouveau voisin Martin à ton amie Anna.
Martin est français et il a ton âge. Anna ne parle pas français, tu fais l'interprète *(dolmetschen)*. Ils se présentent.

Martin: ne pas encore parler allemand apprendre l'allemand aller dans l'école d'Anna	*Anna: être contente avoir un Français dans son école!*

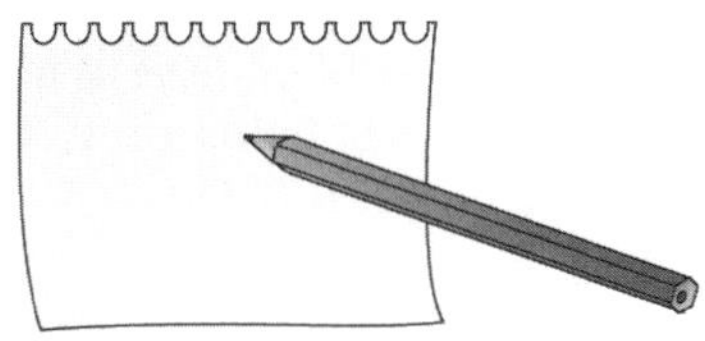

Ecris le dialogue entre Anna, Martin et toi.
Schreibe in dein Heft oder auf ein loses Blatt.
Du kannst so anfangen:

La fille: Wie heißt du?
Toi: Elle demande ...

1 Ecouter: Une bonne idée?

06 **Hörtext:**

Teil 1
Zoé et Léa sont des très bonnes copines. Mais voilà, il y a un problème: Elles ont le même copain et elles ne savent pas qui il aime! Est-ce qu'il aime Zoé ou Léa? Les trois copains, Zoé, Léa et Lucien vont souvent ensemble au cinéma, ils font leurs devoirs ensemble au CDI, ils écoutent de la musique ensemble. Un jour, Zoé et Léa veulent savoir: Lucien aime qui? Zoé ou Léa …? Alors elles ont une idée … Zoé téléphone à Lucien:

Teil 2
Zoé: Salut, Lucien, c'est Zoé!
Lucien: Ah, Salut Zoé! Tu vas bien?
Zoé: Oui, ça va bien, merci. Tiens, il y a un film avec Audrey Tautou au cinéma. On va le voir ensemble, samedi après-midi?
Lucien: Avec Léa?
Zoé: Euh non, Léa ne peut pas venir.
Lucien: Ah? On peut attendre, non? Et on peut aller au cinéma tous les trois?
Zoé: Euh, tu ne veux pas aller voir le film avec moi et sans Léa?
Lucien: Oh, c'est plus sympa tous les trois!
Zoé: Bon, alors à demain au collège!
Lucien: D'accord, à demain! Bises.
Après, Zoé et Léa discutent:
Zoé: Bon, et bien, Léa, maintenant on sait: Il ne veut pas sortir avec moi. Alors il t'aime!
Léa: Attends, je ne sais pas! Je vais téléphoner à Lucien moi aussi!

Teil 3
Léa: Allô? Salut, Lucien, c'est Léa!
Lucien: Ah, salut, Léa. Zoé a téléphoné il y a 5 minutes.
Léa: Ah bon? Euh … Moi je téléphone parce qu'il y a un film sympa au cinéma.
Lucien: Ah, un film avec Audrey Tautou.
Léa: Oui, vendredi soir. Mais Zoé ne peut pas venir. On y va ensemble?
Lucien: Sans Zoé? Zut! Et toi, tu ne peux pas samedi après-midi, c'est ça?
Léa: Euh, oui, c'est ça.
Lucien: Bon, écoute, je vais voir si j'ai le temps vendredi après-midi. Je t'envoie un SMS sur ton portable.
Léa: D'accord! Allez, salut!
Lucien: Salut.
Après, Léa et Zoé discutent encore.
Zoé: Je sais qu'il va dire oui pour sortir avec toi, Léa! Il n'a pas dit «non».
Léa: Mais il n'a pas dit oui, Zoé!
Zoé: Ah … Que les garçons sont bêtes!

Teil 4
(2 verschiedene Handys klingen mit SMS)
Zoé: Tiens, nos deux portables … deux SMS?
Léa: C'est Lucien!
Zoé: Ah! Moi aussi!
Léa: Qu'est-ce qu'il t'écrit?
Zoé: „Salut les filles, je vous aime bien toutes les deux mais je ne veux pas sortir avec Zoé OU Léa! Vendredi soir, je sors avec mes copains, on va voir un film ensemble! Bises."
Léa: J'ai le même SMS!
…
Zoé: Tu sais quoi? On est bêtes!
Léa: C'est vrai! Alors, on va au cinéma ensemble?
Zoé: D'accord! Toi et moi, sans Lucien …

Lösung:
Teil 1
Welche Aussage trifft zu?
☒ Zoé, Léa et Lucien sont souvent ensemble. Les filles veulent savoir qui Lucien aime.
Teil 2
☒ Zoé veut aller au cinéma avec Lucien sans Léa, mais Lucien voudrait sortir avec les deux filles.
Teil 3
☒ Léa veut aller au cinéma avec Lucien, sans Zoé, mais Lucien ne dit rien.
Teil 4
☒ Lucien a compris l'idée de Zoé et de Léa.
☒ Lucien va au cinéma avec ses copains. Léa et Zoé vont au cinéma ensemble.

A la fin de l'histoire, Léa et Zoé rigolent. Pourquoi?
☒ Elles ont été bêtes, alors elles vont aller au cinéma sans Lucien!

2 Médiation: Nos voisins

Lösungsbeispiel:
Anna: Wie heißt du?
Toi: Elle demande comment tu t'appelles.
Martin: Je m'appelle Martin.
Toi: Er heißt Martin.
Anna: Sag ihm, dass ich Anna heiße. Spricht er kein Deutsch?
Toi: C'est Anna. Tu ne parles pas allemand?
Martin: Non, pas encore. Je vais apprendre.
Toi: Nein, er spricht noch kein Deutsch, er wird es lernen.
Anna: Ist er in meiner Schule?
Toi: Tu es dans son école?
Martin: Oui, je suis dans son école.
Toi: Ja, er ist in der gleichen Schule wie du.
Anna: Super! Ein Franzose in meiner Schule!
Martin: Qu'est-ce qu'elle a dit?
Toi: Super! Un Français dans son école!

Sprache:
Gefühle ausdrücken

Bewertungsvorschlag:

Aufgabe 1	6 Punkte	60 %
Aufgabe 2	4 Punkte (Sprache: 2/Inhalt: 2)	40 %
Summe	10 Punkte	100 %

nom: classe: date:

1 Ecrire: Un mail de Fabien

Fabien schreibt seinem Freund Nicolas aus Paris eine Mail und erzählt ihm von Emma.

Er schreibt,
- wer sie ist, wo er sie kennen gelernt (getroffen) hat, und wie er sie findet
- was er über sie weiß (Herkunft, Familie)
- was sie mag
- welche Pläne sie für das Wochenende haben, und welche Probleme es geben könnte.

Salut Nicolas,

Ça va? Voici une nouvelle que je dois te raconter: La semaine dernière, j'ai rencontré une fille ______________

2 Médiation: Au centre d'activités

Tu as invité ton ami(e) français(e) en Allemagne. A l'école, il/elle lit cette affiche, mais il/elle ne la comprend pas. Explique l'affiche à ton ami(e).
Fasse ihr/ihm die Information zusammen. Schreibe in dein Heft oder auf ein loses Blatt.

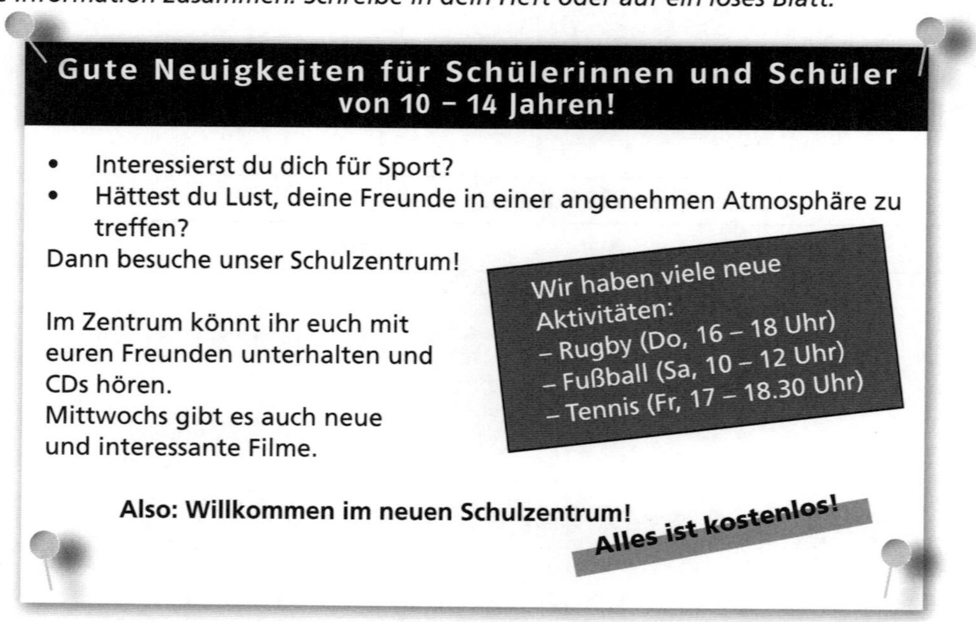

1 Ecrire: Un mail de Fabien

Lösungsvorschlag:
Salut Nicolas,
… J'ai rencontré une fille qui s'appelle Emma. Je la trouve très mignonne/belle et sympa. Je l'ai rencontrée au stade et depuis ce temps, je pense souvent à elle. Elle est de Paris, comme toi, mais maintenant, elle habite à Toulouse. Elle a un frère et une petite sœur qui l'énervent souvent.
Emma est en classe avec ma sœur Cécile. Comme moi, elle aime la musique et le cinéma. Le week-end, on va aller à Odyssud pour écouter le nouvel album de Zebda, ou on va aller au cinéma pour regarder le nouveau film avec Audrey Tautou qu'elle trouve super, comme moi.
Mais elle va peut-être avoir un petit problème avec sa mère qui pense qu'elle ne travaille pas assez pour sa nouvelle école. Mais sa mère est sympa. Elle ne va pas dire «non».
Salut
Fabien

2 Médiation: Au centre d'activités

Lösungsvorschlag:
Il y a un nouveau centre au collège pour les élèves de 12 à 14 ans.
Le centre propose beaucoup de nouvelles activités dans une bonne atmospère:
- du rugby (le jeudi de 16h à 18h)
- du foot (le samedi, de 10h à 12h)
- du tennis (le vendredi de 17h à 18h30)

Et en plus, tout est gratuit!
On peut aussi discuter avec ses copains et écouter des CD. Le mercredi, il y a aussi des films nouveaux et intéressants.

Sprache:
Objektpronomen *le, la, les*
Relativpronomen
beau, nouveau

Bewertungsvorschlag:

Aufgabe 1	14 Punkte (Sprache: 9/ Inhalt: 5)	70 %
Aufgabe 2	6 Punkte (Sprache: 4/ Inhalt: 2)	30 %
Summe	20 Punkte	100 %

nom: classe: date:

1 Lire: Quelle journée!

Lis le texte, puis fais l'exercice.

Samedi
Quelle journée! D'abord, le matin, j'ai rendez-vous chez le médecin[1] à 9 heures. Mais je dors trop longtemps et je me réveille à neuf heures moins le quart! Pas de temps pour un petit-déjeuner, je mets mes vêtements et hop! Je cours chez le médecin. Quand ma mère me voit, elle me dit quelque chose, mais je suis déjà dans la rue. Je cours, je cours, et j'arrive chez le médecin. Neuf heures cinq. Ouf!
Devant moi, il y a 10 personnes. Zut! Je dois aller à la médiathèque à 11 heures pour donner un CD et un livre. Mmmm, je vais être très en retard!

Il est 9 heures et demie. On est 15, mais le médecin n'est pas encore là. A dix heures, il y a 20 personnes qui attendent … Le médecin téléphone au secrétariat: Il est au lit et il est malade!
Alors je rentre à la maison et je prends le CD et le livre pour la médiathèque. Ma mère me demande: «Mais Sébastien pourquoi tu es allé chez le médecin? Il est malade!» Grrr!
Alors je cours encore pour aller à la médiathèque. Il est 11 heures et quart. Ouf!
Mais aujourd'hui, je n'ai pas de chance: La personne de la médiathèque n'est pas là. Alors je vais chez mon copain Marc, il habite à côté de la médiathèque et on discute un peu. A midi et quart, mon père me téléphone: «Mais où est-ce que tu es? On mange chez mamie, aujourd'hui! C'est à midi et tu n'es pas encore là!» Je dis à mon père que j'arrive. Zut, zut et zut! J'ai oublié! Le premier samedi du mois, à midi, on mange toujours chez ma grand-mère. Alors je rentre à la maison, je prends mon vélo et je sonne chez mamie. Mes parents ne sont pas contents et ils mangent déjà le dessert …

On finit de manger et je pars: J'ai une heure de sport à deux heures et un cours de guitare à quatre heures. Et là, c'est super: Les profs sont là et j'ai mes cours sans problème.
A cinq heures, je rentre à la maison et je joue un peu sur l'ordinateur. Mon portable sonne: C'est ma copine Lola! Zut! Elle aussi, je l'ai oubliée! Je lui dit: «Oui, euh, j'arrive tout de suite, Lola …»
J'arrive devant le cinéma à 18 heures. Le film a commencé à cinq heures et demie. Lola est devant le ciné. Elle n'est pas très contente. Alors je l'invite à la maison. Maman fait des crêpes, et on regarde un DVD ensemble. Ouf! Quel samedi!

[1]**un médecin** ein Arzt

Was stand ursprünglich im Terminkalender von Sébastien? Fülle den Terminplan aus.

samedi 1er avril			
8:00-9:00		14:00-15:00	
9:00-10:00		15:00-16:00	
10:00-11:00		16:00-17:00	
11:00-12:00		17:00-18:00	
12:00-13:00		18:00-19:00	
13:00-14:00		19:00-20:00	

2 Ecrire: Un samedi de rêve!

Imagine le samedi de tes rêves. Qu'est-ce que tu fais?
Ecris quelques phases sur ton cahier ou sur une feuille de papier.

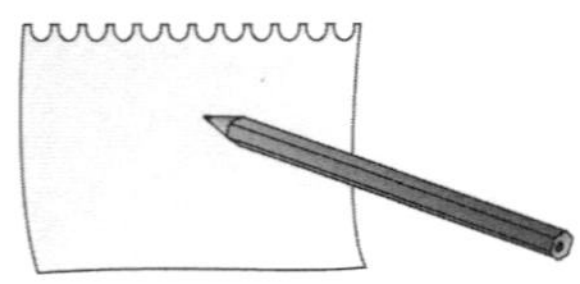

1 Lire: Quelle journée!

Lösung:

samedi 1er avril			
8:00-9:00		14:00-15:00	sport
9:00-10:00	médecin	15:00-16:00	
10:00-11:00		16:00-17:00	musique / cours de guitare
11:00-12:00	médiathèque	17:00-18:00	17:30 cinéma avec Lola
12:00-13:00	repas chez grand-mère	18:00-19:00	
13:00-14:00		19:00-20:00	

2 Ecrire: Un samedi de rêve!

Lösungsbeispiel:
D'abord, je dors longtemps, puis je prends le petit-déjeuner à midi. Je téléphone à mes copains et mes copines, je joue à l'ordinateur, je vais voir des copains et des copines, je fais du vélo (du sport, de la musique), etc. L'après-midi, je vais au cinéma, au théâtre, je sors avec des copains et des copines, etc.

Sprache:
Tagesablauf

Bewertungsvorschlag:

Aufgabe 1	6 Punkte	60 %
Aufgabe 2	4 Punkte (Inhalt: 2 / Sprache: 2)	40 %
Summe	10 Punkte	100 %

nom: classe: date:

1 Ecrire: Faire des courses

Deine Mutter hat dich gebeten, auf dem Markt einzukaufen. Dort sprichst du mit dem Markthändler, M. Martin. Er begrüßt dich und fragt was du möchtest. Du sagst ihm, was du brauchst (verschiedenes Obst und Gemüse). Leider hat er nicht mehr alles da. Zum Schluss möchtest du wissen, was du bezahlen musst. Er nennt dir den Preis und gibt dir das Wechselgeld.

Ecris le dialogue entre M. Martin et toi. Ecris le dialogue dans ton cahier ou sur une feuille de papier.

2 Ecouter: On va faire la fête!

07 Ecoute le texte, puis coche les bonnes réponses.

1. Les copains veulent faire une fête parce que/qu'		
☐ Léa a son anniversaire.	☐ ils ne doivent plus aller au collège.	☐ Maxime va avoir 13 ans.
2. Léa et Maxime ont invité		
☐ 5 copains et copines.	☐ 3 copains et copines.	☐ 6 copains et copines.
3. Comme dessert, Léa préfère faire		
☐ une salade de fruits.	☐ un gâteau.	☐ des crêpes.
4. Léa veut aussi acheter		
☐ des fruits.	☐ du chocolat.	☐ du fromage.
5. Comme boissons, ils achètent		
☐ du champagne.	☐ du vin.	☐ du jus de fruits.
6. Maxime		
☐ aime le rock.	☐ déteste le rock.	☐ aime les chansons.
7. A la maison, ils ne peuvent pas faire les crêpes		
☐ parce qu'ils n'ont pas le temps.	☐ parce qu'il n'y a pas d'œufs.	☐ parce qu'ils ne savent pas les faire.
8. Quand les copains arrivent,		
☐ Mme Dubois fait les crêpes.	☐ ils peuvent manger les crêpes tout de suite.	☐ ils vont préparer les crêpes ensemble.

1 Ecrire: Faire des courses

Lösungsbeispiel:
M. Martin: Bonjour. C'est à toi? Qu'est-ce que tu désires?
Toi: Oui, c'est à moi. Je voudrais des pommes et des bananes.
M. Martin: Combien?
Toi: 1 kilo de pommes et 2 kilos de bananes.
M. Martin: Voilà les pommes et les bananes. Et avec ça?
Toi: Je voudrais aussi un kilo de tomates et une salade.
M. Martin: Je n'ai plus de tomates. Mais la salade est très bonne.
Toi: Bon. Alors, je prends une grande salade. Ça fait combien?
M. Martin: Ça fait 9,75 €.
Toi: Voilà 10 €.
M. Martin: Et voilà 25 centimes. Merci, et au revoir.

2 Ecouter: On va faire la fête!

07 **Hörtext:**
C'est le dernier jour au collège. Demain, les vacances vont commencer. Pour fêter ça, Léa et Maxime ont invité des copains, deux filles et trois garçons. Ils ont rendez-vous pour préparer la fête. Ils discutent.

Léa: Qu'est-ce qu'on va faire à manger? De la salade, des frites et un gâteau comme dessert?
Maxime: Non, pas de gâteau. C'est trop de travail. Faisons des crêpes, beaucoup de crêpes! C'est délicieux, et les copains aiment ça.
Léa: D'accord. Mais il faut aussi acheter des baguettes et du fromage. Après l'école, les copains vont avoir faim.
Maxime: Tu as pensé aux boissons? Achetons du jus de fruits, de l'eau minérale et du vin. Et peut-être aussi un peu de champagne.
Léa: Ah non! Pas de vin ou de champagne. Mes parents ne vont pas aimer ça.
Maxime: Il faut aussi de la musique pour danser. J'ai de bons CD de rock.
Léa: Non, pas de rock. Je déteste le rock. J'ai d'autres CD que les copains aiment bien.
Maxime: Bon. Allons faire les courses maintenant!

Une heure après, ils rentrent à la maison. Ils ont acheté des baguettes, du fromage et des boissons. Ils veulent commencer à préparer les crêpes. Mais zut! Ils ont oublié les œufs. A la maison, il n'y a plus d'œufs. Que faire? Alors, Léa va chez Mme Dubois, la voisine, qui lui donne quatre œufs. Voilà déjà les copains qui arrivent, mais les crêpes ne sont pas prêtes. «Ce n'est pas grave», dit Anne, une copine. «On va faire ça ensemble. C'est sympa, et en plus il y a de l'ambiance!»

Lösungen:

1. Les copains veulent faire une fête parce que/qu'	ils ne doivent plus aller au collège.
2. Léa et Maxime ont invité	5 copains et copines.
3. Comme dessert, Léa préfère faire	un gâteau.
4. Léa veut aussi acheter	du fromage.
5. Comme boissons, ils achètent	du jus de fruits.
6. Maxime	aime le rock.
7. A la maison, ils ne peuvent pas faire les crêpes	parce qu'il n'y a pas d'œufs.
8. Quand les copains arrivent,	ils vont préparer les crêpes ensemble.

Sprache:
der Teilungsartikel
il faut
Einkaufen, Lebensmittel

Bewertungsvorschlag:

Aufgabe 1	12 Punkte (Inhalt: 6 / Sprache: 6)	60 %
Aufgabe 2	8 Punkte	40 %
Summe	20 Punkte	100 %

Découvertes 2 L6 / Cadet 2 L7

nom: classe: date:

1 Ecouter: A la gare de Lyon Part-Dieu

08 **a** *Du wartest in Lyon auf deinen Zug und hörst folgende Durchsagen. Lies die Sätze durch und höre gut zu. Trage anschließend die passende Nummer ein.*

	Durchsage Nr.
1. Dieser TGV hat eine Bar und Einrichtungen für Behinderte.	
2. Meine Damen und Herren, wir möchten Sie darauf aufmerksam machen, dass die Fahrkarten, die Sie gekauft haben, entwertet werden müssen, damit sie gültig sind.	
3. Der TGV 5115, von Lille Europe nach Marseille Saint-Charles, Abfahrt 15.11 Uhr, wird an Gleis K einfahren.	
4. Die französische Bahngesellschaft wünscht Ihnen eine angenehme Reise.	
5. Er wird in folgenden Bahnhöfen Halt machen: Aix-en-Provence TGV und Marseille Saint-Charles.	
6. Die Begleiter der Reisenden werden gebeten, nicht in den TGV einzusteigen.	

09 **b** *Du hörst jetzt mehrere Durchsagen. Du willst mit dem Zug um 15.11 Uhr nach Marseille fahren und versuchst, Informationen über deinen Zug zu erhalten.*

Ist der Zug verspätet? ☐ Ja ☐ Nein Um wie viel Minuten? ____________

Gibt es eine Gleisänderung? ☐ Ja ☐ Nein Ursprüngliches Gleis ______ Neues Gleis ______

Alors ton train part de la voie __________ à __________ .

2 Ecouter: Tu téléphones à la gare.

10 *Du bist in Marseille und möchtest deine Rückreise nach Stuttgart planen. Du rufst die Nummer 3635 (die Nummer der frz. Bahn) an, um dich zu informieren. Mache dir zuerst Notizen auf Deutsch (Bahnhof, Uhrzeit, Umsteigen, usw.).*

Marseille Saint-Charles: ____________________ Paris gare de Lyon: ____________________

____

Paris gare de l'Est: ____________________ Stuttgart: ____________________

3 Ecrire: Un e-mail à une copine

Du schreibst eine kurze E-Mail an deine französische Freundin und erklärst ihr deinen Reiseplan. Du fährst mit dem Zug um 8.54 Uhr von Stuttgart nach Lyon. Du steigst in Paris um (an der Gare de l'Est) und nimmst um 13.39 Uhr den TGV nach Lyon (an der Gare de Lyon). Du kommst um 15.57 Uhr an.

Chère ____________________ ,

Demain, j'arrive à Lyon. Je vais prendre ____________________

____

____

____

____

____

1 Ecouter: A la gare de Lyon Part-Dieu

08 **a Hörtext:**
Durchsage 1: «Le TGV 5115, en provenance de Lille-Europe et à destination de Marseille Saint-Charles, départ prévu à 15h11, partira de la voie K.»

Durchsage 2: «Il desservira la gare d'Aix-en-Provence TGV et Marseille Saint-Charles son terminus.»

Durchsage 3: «Ce TGV comporte une voiture-bar et des aménagements pour les personnes handicapées.»

Durchsage 4: «La SNCF vous souhaite un agréable voyage.»

Durchsage 5: «Les personnes accompagnant les voyageurs sont priées de ne pas monter dans les voitures.»

Durchsage 6: «Mesdames et Messieurs, nous vous rappelons que pour être valables, vos billets doivent être compostés avant l'accès au train.»

Lösung:
1. Durchsage 3
2. Durchsage 6
3. Durchsage 1
4. Durchsage 4
5. Durchsage 2
6. Durchsage 5

09 **b Hörtext:**

Le TGV 9833 à destination de Perpignan, départ prévu à 15h07 va partir voie J. Attention à la fermeture des portes. Attention au départ. *(Jingle)* Le train régional 86614 à destination de Roanne partira de la voie F. Attention, je répète, le train régional 86614 à destination de Roanne partira de la voie F à 15h08. *(Jingle)* Votre attention, s'il vous plaît. Le TGV 5115 en provenance de Lille-Europe et à destination de Marseille Saint-Charles, départ initialement prévu à 15h11, partira avec un retard de 10 minutes environ. Veuillez nous excuser pour ce retard. Il partira de la voie K. *(Jingle)* Le train régional 86614 à destination de Roanne va partir. Attention à la fermeture des portes. Attention au départ. *(Jingle)* Votre attention s'il vous plaît. Contrairement à ce qui a été annoncé, le TGV 5115 en provenance de Lille-Europe et à destination de Marseille Saint-Charles, départ initialement prévu à 15h11, partira avec un retard de 10 minutes environ. Il partira de la voie F. Veuillez nous excuser pour ce désagrément.

Lösung:

Ist der Zug verspätet?	☒ Ja	☐ Nein	Um wie viel Zeit? 10 Minuten	
Gibt es eine Gleisänderung?	☒ Ja	☐ Nein	Ursprüngliches Gleis K	Neues Gleis F

Alors ton train part de la voie F à 15h21.

2 Ecouter: Tu téléphones à la gare.

10 **Hörtext:**
Deutsches Mädchen: Bonjour, madame.
Angestellte: Bonjour.
Deutsches Mädchen: Je voudrais aller à Stuttgart demain, s'il vous plaît.
Angestellte: Oui, et vous partez de quelle gare?
Deutsches Mädchen: Euh … De Marseille.
Angestellte: Vous voulez partir vers quelle heure?
Deutsches Mädchen: Le matin.
Angestellte: Un moment … Oui, vous avez un train à 10h28 qui arrive à Paris à 13h37.
Deutsches Mädchen: Attendez, je note. 10h28 et j'arrive à Paris à quelle heure?
Angestellte: Vous arrivez à la gare de Lyon à Paris, à 13h37.
Deutsches Mädchen: Ah, bon?
Angestellte: Oui, à Paris, vous devez changer de gare, prendre le métro et aller à la gare de l'Est.
Deutsches Mädchen: Ah, oui …
Angestellte: Après, vous avez un train qui part à 15h24 de la gare de l'Est et qui arrive à 19h04 à Stuttgart.
Deutsches Mädchen: 15h24 et j'arrive à 19h04. D'accord. Merci beaucoup.
Angestellte: Je vous en prie, bonne journée.

Lösung:

Marseille Saint-Charles: 10.28 Uhr Paris gare de Lyon: 13.37 Uhr

umsteigen, die Metro nehmen und zur Gare de l'Est fahren

Paris gare de l'Est: 15.24 Uhr Stuttgart: 19.04 Uhr

3 Ecrire: Un e-mail à une copine

Lösungsbeispiel:

Chère Léa,
Demain, j'arrive à Lyon. Je vais prendre le premier train de Stuttgart à 8h54. Je vais arriver à la gare de l'Est, puis je vais changer de gare et aller à la gare de Lyon. Là, je vais prendre le TGV à 13h39 pour Lyon et je vais arriver à 15h57.
Alors, à demain!
Bises,
X

Sprache:
Zahlen bis 99 999

Bewertungsvorschlag:

Aufgabe 1	13 Punkte	45 %
Aufgabe 2	7 Punkte	25 %
Aufgabe 3	10 Punkte (Inhalt: 5 / Sprache: 5)	30 %
Summe	30 Punkte	100 %

nom: classe: date:

1 Ecrire: Partir en vacances

Tu veux passer tes vacances en France avec un(e) ami(e). Sur Internet, tu trouves cette publicité. Ecris un mail au centre. Présente-toi et dis pourquoi le centre t'intéresse et demande des informations. Ecris dans ton cahier ou sur une feuille de papier.

Adresse http://

Centre Sport & Nature

Tu veux passer tes vacances sans tes parents? Tu aimes la nature et l'aventure? Tu veux rencontrer des copains d'autres pays?
Nous organisons des vacances de rêve pour les jeunes de 10 à 16 ans!

- Tu passes 10 jours dans un camping près de la mer.
- La forêt n'est pas très loin et tu peux y faire des promenades et découvrir la nature avec tes copains.
- Tu peux faire du sport: Du canoë, du foot …
- Au centre, nous proposons aussi beaucoup d'autres activités.

Pour plus d'informations, envoie-nous un e-mail.

Nous t'attendons au centre! A bientôt!

âge: 10 à 16 ans
transport: en train
saison: juillet/août
prix: 420-435 €

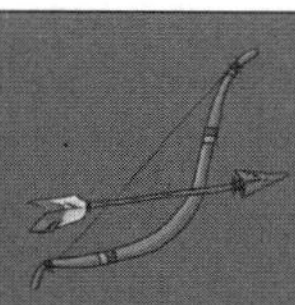

2 Ecouter: Vous connaissez le chemin?

11 Pierre veut aller voir une copine à l'hôpital, mais il ne connaît pas le chemin. Il demande à une dame et un monsieur s'ils peuvent l'aider.
Höre dir den Dialog gut an und zeichne beide Wege in verschiedenen Farben in den Plan ein.
– Welcher Weg ist richtig: der der Frau oder der des Mannes?

1 Ecrire: Partir en vacances

Lösungsvorschlag:
Madame, Monsieur,
Je m'appelle X et j'ai 13 ans. Je suis allemande et je suis élève en quatrième au collège X. Comme je ne suis pas très bonne en français, je voudrais passer deux semaines en France dans un centre de vacances avec une copine, qui est aussi nulle en français. Sur Internet, nous avons lu votre annonce qui nous intéresse. Je trouve que c'est une bonne idée de passer quelque temps en France pour apprendre à parler le français. J'aime la mer et les promenades, je joue au tennis et au foot et j'ai envie d'apprendre à faire du canoë. J'aime aussi la musique: Je joue de la guitare et je fais du théâtre.
J'ai encore quelques questions: Qu'est-ce que je peux faire comme autres sports? Qu'est-ce qu'il y a comme autres activités? Qui est-ce qui peut me donner toutes ces informations? Est-ce qu'il y a d'autres Allemands au centre? Est-ce qu'il va y avoir des jeunes Français qui ont envie d'apprendre l'allemand? Merci de répondre à mes questions.
Cordialement,
X

2 Ecouter: Vous connaissez le chemin?

11 **Hörtext:**
Pierre: Bonjour, Messieurs-dames. Excusez-moi. Je cherche l'hôpital. Vous savez où c'est?
le monsieur: Ah oui, bien sûr. Nous sommes d'ici. C'est très facile.
Pierre: C'est loin d'ici?
le monsieur: Non, pas du tout. C'est tout près. C'est à 8-10 minutes d'ici, pas plus. Tu vas tout droit. Puis, tu traverses la rue et tu continues jusqu'au prochain carrefour. Là, tu tournes à droite. Tu traverses la place du marché et après, tu prends la rue à gauche et l'hôpital est là.
la dame: Mais non, Henri! Ce n'est pas ça! Ecoute. Tu vas tout droit. Tu passes devant la gare et tu vas jusqu'au deuxième carrefour. Puis, tu tournes à droite et tout de suite à gauche. Tu arrives devant l'hôpital qui est sur ta gauche. Et voilà!
Pierre: Merci beaucoup, messieurs-dames.
la dame: De rien. Au revoir!

Lösung:
Die Beschreibung des Mannes ist richtig.

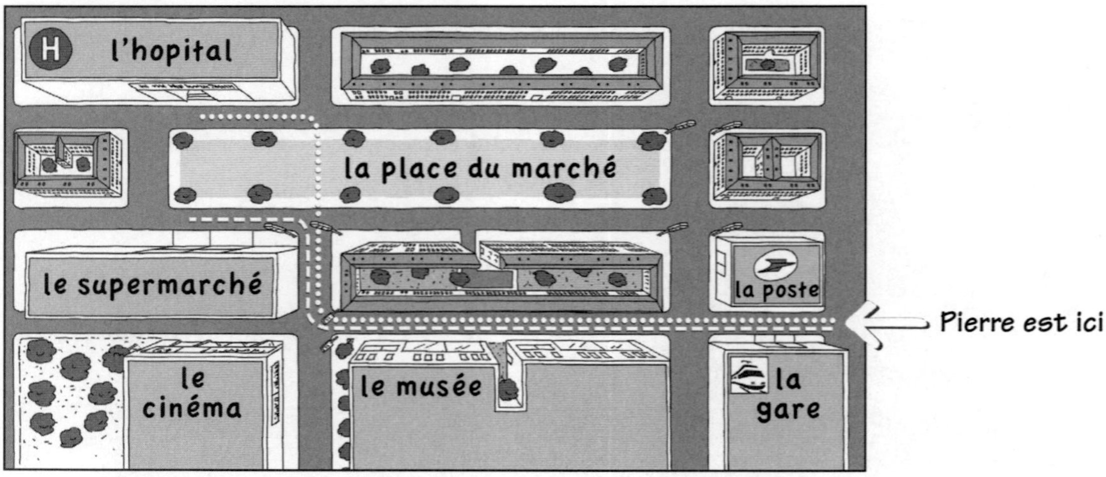

Sprache:
Fragen *Qui est-ce qui/que … ?, Qu'est-ce qui/que … ?*
den Weg erfragen und beschreiben

Bewertungsvorschlag:

Aufgabe 1	18 Punkte	60 % (Inhalt: 50 % / Sprache: 50 %)
Aufgabe 2	12 Punkte	40 %
Summe	30 Punkte	100 %

nom: classe: date:

1 Ecouter: Fécamp ou Montmartin-sur-Mer?

12 Lis les questions. Puis, écoute l'émission et coche les bonnes réponses:

1. Radio Ados cherche …

des plages françaises. ☐	Caroline et Jérémie. ☐	où passer les vacances les plus cool. ☐

2. A Fécamp, on peut …

faire un stage de voile, jouer au volley et lire. ☐	faire la fête, trouver des garçons pas sympas et lire. ☐	lire, aller au café et au cinéma. ☐

3. A Montmartin-sur-Mer, on peut …

discuter avec des jeunes, regarder la mer et aller au festival. ☐	aller au concert, danser et se lever tôt. ☐	rêver sans discuter, regarder la mer et aller aux concerts. ☐

2 Ecrire: Charlotte raconte …

A la rentrée, Charlotte raconte son histoire sur la plage de Fécamp aux copains de l'école. Qu'est-ce qu'elle dit? Mets-toi à sa place et écris son histoire sur ton cahier ou sur une feuille de papier.

nom: classe: date:

1 Ecouter: Fécamp ou Montmartin-sur-Mer?

12 **Hörtext:**

Radiosprecherin: Ici, Radio Ados, salut à tous! Cet été, Radio Ados a fait le tour des plages françaises pour trouver la réponse à la question: Où passer les vacances les plus cool? Après une longue compétition, il nous reste deux finalistes: Les villes de Fécamp et de Montmartin-sur-Mer. Voici Caroline et Jérémie, qui vont nous présenter leur ville préférée.

Caroline: Salut, tout le monde! Vous voulez savoir où passer les vacances les plus cool? Et bien, venez à Fécamp! On y passe des vacances géniales! Tous les matins, on peut aller à la plage où on trouve des garçons super sympas. Il y a des jeunes qui font des stages de voile et d'autres qui jouent au volley. Mais vous pouvez lire aussi des livres ou aller au café si vous préférez. Et le soir, on fait souvent la fête ou on a des rendez-vous ... Alors, écoutez mon conseil: Choisissez Fécamp!

Jérémie: Salut, je suis Jérémie et je suis fan de Montmartin-sur-mer! Ici, on passe des soirées de rêve quand on discute avec d'autres jeunes sur la plage et qu'on regarde la mer. Que c'est beau! Mais sur la plage, il y a aussi de l'ambiance parce qu'il y a le festival „Chauffer dans la noirceur“! Il y a des groupes super et mes copains et moi, nous allons à tous les concerts. Souvent on commence même à danser. Le lendemain, bien sûr, on est fatigués, mais on ne se lève pas trop tôt ... Et le soir – on recommence! Je vous dit: Les vacances les plus cool, on les passe à Montmartin-sur-Mer!

Radiosprecherin: Maintenant, c'est à vous! Alors, vous choisissez Fécamp ou Montmartin? Appelez-nous!

Lösung:

1. Radio Ados cherche ...	où passer les vacances les plus cool.
2. A Fécamp, on peut ...	faire un stage de voile, jouer au volley et lire.
3. A Montmartin-sur-Mer, on peut ...	discuter avec des jeunes, regarder la mer et aller au festival.

2 Ecrire: Charlotte raconte ...

Lösungsvorschlag:

L'histoire de Charlotte

C'était au mois d'août. Elodie et moi, nous étions en vacances à Fécamp avec mes parents et la mère d'Elodie. Tous les jours, nous allions à la plage où nous retrouvions des copains. Un jour, sur le port, nous avons rencontré David et Laurent. Ils faisaient un stage de voile à Fécamp. Laurent me plaisait, mais je ne voulais pas l'avouer. Deux jours plus tard, c'était l'anniversaire de David. Je n'ai pas mis mon jean et j'ai dansé avec Laurent toute la soirée. A minuit, la mère d'Elodie est arrivée et Elodie devait rentrer. Mais moi, je suis encore restée. Plus tard, Laurent m'a conduite à la maison.

Le lendemain, sur la plage, je jouais avec les autres au volley. Elodie lisait un livre et tout à coup, Laurent s'est allongé à côté d'elle.

Plus tard, elle m'a dit que Laurent la draguait. Mais je ne la croyais pas. Elle était seulement jalouse.

Deux jours plus tard, elle a reçu un SMS de Laurent: Rendez-vous au café de la plage!

Elodie et moi, nous sommes allées ensemble au rendez-vous. Je me suis cachée. Comme ça, je pouvais tout entendre. Laurent est arrivé. Il a dit que la fille la plus cool pour lui, c'était Elodie! Quel baratineur! Alors je suis arrivée, je lui ai dit que je ne voulais plus jamais le voir et j'ai demandé pardon à Elodie. Nous deux, c'est pour la vie!

Sprache:
Erzählen im *Imparfait* und *Passé composé*

Bewertungsvorschlag:

Aufgabe 1	6 Punkte	30 %
Aufgabe 2	14 Punkte	70 % (Inhalt: 30 % / Sprache: 70 %)
Summe	20 Punkte	100 %

nom: classe: date:

1 Ecouter: Un voyage en bus

13 Anna arrive à Lyon et raconte son voyage à sa corres. Ecoute son histoire et coche les bonnes solutions.

1. On devait partir devant le lycée …		
☐ à 17h00.	☐ à 7h00 du soir.	☐ à 7h00 du matin.
2. On était en retard parce qu'un prof attendait …		
☐ le bus à la gare.	☐ un élève.	☐ devant le lycée.
3. On est partis de Stuttgart à …		
☐ 8h30.	☐ 8h00.	☐ 9h00.
4. On a pris l'autoroute et on a fait une pause à 10h00 à …		
☐ Mulhouse.	☐ Fribourg.	☐ Karlsruhe.
5. Et là il manquait deux garçons:		
☐ Ils étaient partis.	☐ Ils étaient malades.	☐ Ils jouaient à des jeux.
6. On est partis en retard, et en plus, il y avait eu …		
☐ une panne de bus.	☐ un accident sur l'autoroute.	☐ une visite de la ville.
7. On est arrivés à Belfort à …		
☐ 13h et on a mangé.	☐ 12h et on a mangé.	☐ 12h mais on n'est pas restés.
8. On a visité Belfort et on est partis à …		
☐ 14h.	☐ 15h.	☐ 14h30.
9. Après deux heures de bus, on s'est arrêtés à Beaune et on a visité …		
☐ le musée de Mâcon.	☐ l'hôpital de Beaune.	☐ L'Hôtel-Dieu.
10. On est arrivés à Lyon à 18h …		
☐ et on a perdu une heure à chercher le lycée.	☐ et on a pris des vélos à Lyon.	☐ et on a tout de suite trouvé le lycée.
11. Finalement, on est arrivés au lycée …		
☐ à 19h30 et on est allé manger.	☐ à 19h et on a rencontré nos familles.	☐ à 20h, mais il n'y avait pas les familles!

2 Médiation: Une rencontre sur le marché

Au marché de Lyon, Anna rencontre M. et Mme Engel et leurs enfants, une famille allemande qui ne parle pas français. Anna fait l'interprète *(dolmetschen)* entre M. et Mme Engel et les parents de son corres français. Les Allemands viennent de Hanovre. Ils sont venus en avion et ils restent seulement une semaine. Ils cherchent un bon restaurant. Ecris la conversation dans ton cahier ou sur une feuille de papier.

1 Ecouter: Un voyage en bus

13 **Hörtext:**
Alors je vais te raconter notre voyage en bus. Quelle histoire! Nous sommes partis ce matin de Stuttgart à 7h. C'est très tôt! Mais il y a 600 km entre Stuttgart et Lyon, et il faut donc la journée pour y arriver en bus.
A sept heures du matin, nous étions tous devant notre lycée. Tous? Non, il manquait un de nos profs qui devait nous accompagner. On lui a téléphoné: Il attendait le bus à la gare de Stuttgart! Alors il est revenu au lycée, et nous sommes partis à 8h! Nous avions déjà une heure de retard!
Ensuite, le bus a pris l'autoroute: Direction Karlsruhe, puis Fribourg, et après 2 heures de route, nous sommes arrivés en France et nous avons fait notre première pause en Alsace, près de Mulhouse. A 10 heures et demie, on a voulu partir, mais il manquait deux garçons. On les a cherchés et cherchés ... Et on les a enfin trouvés devant des jeux vidéo! On est partis à 11h et on avait déjà 1 heure et demie de retard.
Après Mulhouse, on a beaucoup perdu de temps sur l'autoroute parce qu'il y avait eu un accident. Ce n'était pas grave, mais nous avions encore perdu une heure, et à midi, on était seulement à Belfort!
On s'est arrêtés pour manger à Belfort et nous avons fait le tour de la ville en bus. A 2h, nous avons repris l'autoroute. Il y avait une super ambiance dans le bus, il y en a qui chantaient, il y en a qui jouaient aux cartes, et bien sûr il y avait Lisa et Gunda qui étaient malades.
A 4h, on est arrivés à Beaune et on a visité l'Hôtel-Dieu, bien sûr. On a demandé si on pouvait laisser Lisa et Gunda, mais la guide n'était pas d'accord. On est enfin repartis pour Lyon.
On est arrivés à Lyon à 6h, mais on s'est perdus et on n'a pas trouvé notre lycée. Il faut dire que Lyon est une très grande ville et qu'il y a beaucoup de voitures, de bus et de vélos dans les rues! En plus, il y avait des travaux. On a perdu une heure à chercher le lycée.
Finalement, à 19h, on est arrivés devant le lycée. Les familles nous attendaient et on est tous partis dans nos familles. Heureusement, parce qu'on avait tous très faim et qu'on était très fatigués! Quelle journée!

Lösung:
1. On devait partir devant le lycée à 7h00 du matin. **2.** On était en retard parce qu'un prof attendait le bus à la gare.
3. On est partis de Stuttgart à 8h00. **4.** On a pris l'autoroute et on a fait une pause à 10h00 à Mulhouse.
5. Et là il manquait deux garçons: Ils jouaient à des jeux. **6.** On est partis en retard, et en plus, il y avait eu un accident sur l'autoroute. **7.** On est arrivés à Belfort à 12h et on a mangé. **8.** On a visité Belfort et on est partis à 14h.
9. Après deux heures de bus, on s'est arrêtés à Beaune et on a visité L'Hôtel-Dieu. **10.** On est arrivés à Lyon à 18h et on a perdu une heure à chercher le lycée. **11.** Finalement, on est arrivés au lycée à 19h et on a rencontré nos familles.

2 Médiation: Une rencontre sur le marché

Lösungsbeispiel:
Die Franzosen: Tu peux leur demander d'où ils viennent?
Anna: Sie fragen, woher Sie kommen.
Die Deutschen: Wir kommen aus Norddeutschland, aus Hannover.
Anna: Ils viennent de l'Allemagne du Nord, de Hanovre.
F: Et ils restent longtemps à Lyon?
Anna: Bleiben Sie noch lange in Lyon?
D: Wir bleiben nur eine Woche und dann fliegen wir zurück.
Anna: Ils restent seulement une semaine, puis ils prennent l'avion et ils rentrent.
D: Kannst du fragen, ob sie ein gutes Restaurant hier kennen?
Anna: Est-ce que vous connaissez un bon restaurant, ici?
F: Oui, le restaurant «La taverne», là, dans cette rue. C'est très bon et ce n'est pas cher.
Anna: Ja, hier in dieser Strasse gibt es das Restaurant «La taverne». Es ist sehr gut und preisgünstig.
D: Sag ihnen, dass wir uns bedanken!
Anna: Ils vous disent merci!

Sprache:
Informationen verstehen
Informationen geben

Bewertungsvorschlag:

Aufgabe 1	12 Punkte	60 %
Aufgabe 2	8 Punkte	40 % (Inhalt: 30% / Sprache: 70 %)
Summe	20 Punkte	100 %

nom: classe: date:

1 Lire: A la Ferme

Stéphanie, une jeune Française de treize ans, parle dans un journal intime de ses problèmes. Lis le texte et coche les bonnes phrases.

A la Ferme, ce matin, tout m'énerve! Ce n'est jamais drôle à la Ferme, mais ce matin c'est vraiment terrible. Entre nous, on appelle le lycée la Ferme. Pourquoi? Je vais vous expliquer: A la Ferme il y a des animaux, c'est nous, les élèves. On nous met en rang comme des vaches et on nous nourrit. Les profs, à part un ou deux, ils sont comme des fermiers: Ils ne nous regardent jamais dans les yeux, ils voient seulement le troupeau.

Moi, je suis nulle à l'école, plus particulièrement en maths. En contrôle, j'ai eu zéro. Je me suis fait engueuler deux fois, alors j'ai pleuré et j'ai eu mal aux yeux. J'ai demandé à aller à l'infirmerie et la prof n'a pas voulu. Alors, je lui ai fait le coup de l'évanouissement, j'ai fermé les yeux et je me suis forcée à ne plus respirer jusqu'à ce que la tête me tourne et que je tombe de ma chaise. Ça a marché facilement, alors on m'a envoyée à l'infirmerie. L'infirmière m'a demandé si je voulais appeler mes parents. J'ai dit qu'elle pouvait toujours essayer: Mon père n'est jamais là et ma mère non plus.

– Elle est sûrement à son travail, m'a-t-elle dit.

J'ai répondu qu'elle ne travaillait pas et que mon père n'était jamais à Paris. Alors elle a eu l'air découragée et je lui ai dit que ce n'était pas grave.

– Ça va passer, a-t-elle dit.

Puis, elle m'a laissée seule et pendant un moment, j'ai été bien. La pièce était vide, personne ne criait autour de moi. J'ai regardé par la fenêtre et j'ai vu plusieurs oiseaux, trois où quatre. J'ai essayé de passer la vitre pour me mettre en eux, mais je n'y suis pas arrivée. Ça demande un grand effort de concentration. Quand je me concentre terriblement, j'arrive parfois à me mettre de l'autre côté des choses pour exister avec ceux qui sont heureux.

Malheureusement, ça ne dure jamais longtemps, mais c'est formidable. Le mieux, c'est avec tout ce qui vole, pas forcément les oiseaux. Une fois, j'ai réussi à me mettre comme ça dans un avion qui passait au-dessus de Paris, exactement au-dessus de l'Arc de Triomphe. Je le voyais de chez nous parce qu'on habite dans le XVIIe. On est dans un immeuble assez haut (on habite au huitième) et on peut voir beaucoup de choses d'ici, en particulier l'Arc de Triomphe. J'ai donc vu cet avion et j'ai fait un effort absolument gigantesque pour me concentrer et je me suis retrouvée dans l'avion pendant, à mon avis, 4 ou 5 bonnes minutes. C'était incroyable!

1.	Les élèves appellent le lycée la Ferme parce qu'il y a des animaux.	☐
	Les élèves appellent le lycée la Ferme parce qu'ils se sentent comme des animaux.	☐
	Le lycée s'appelle le Lycée la Ferme.	☐
2.	Stéphanie travaille mal à l'école.	☐
	Stéphanie est plutôt bonne élève.	☐
	Stéphanie est seulement bonne en maths.	☐
3.	Elle est allée à l'infirmerie pour téléphoner à ses parents.	☐
	Elle préfère être en classe qu'à l'infirmerie.	☐
	Elle préfère être à l'infirmerie qu'en classe.	☐
4.	Les parents de Stéphanie ne viennent pas quand il y a un problème parce que ça ne les intéresse pas.	☐
	Les parents de Stéphanie ne peuvent pas venir quand il y a un problème parce qu'ils travaillent.	☐
	Les parents de Stéphanie viennent toujours quand il y a un problème.	☐
5.	Dans ses rêves, Stéphanie aime voler comme un oiseau.	☐
	Stéphanie rêve d'être pilote d'avion.	☐
	Stéphanie a peur de prendre l'avion.	☐

2 Ecrire: Et ton école?

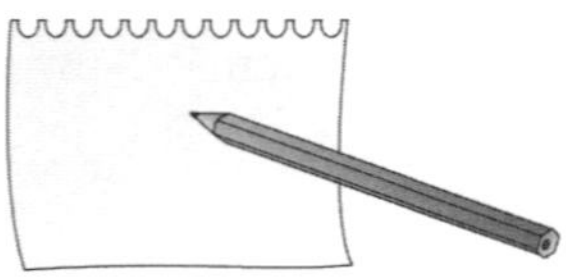

Comment est ton école? Présente-la.
Ecris cinq phrases dans ton cahier ou sur une feuille de papier.

1 Lire: A la Ferme

Lösung:

1.	Les élèves appellent le lycée la Ferme parce qu'il y a des animaux.	☐
	Les élèves appellent le lycée la Ferme parce qu'ils se sentent comme des animaux.	☒
	Le lycée s'appelle le Lycée la Ferme.	☐
2.	Stéphanie travaille mal à l'école.	☒
	Stéphanie est plutôt bonne élève.	☐
	Stéphanie est seulement bonne en maths.	☐
3.	Elle est allée à l'infirmerie pour téléphoner à ses parents.	☐
	Elle préfère être en classe qu'à l'infirmerie.	☐
	Elle préfère être à l'infirmerie qu'en classe.	☒
4.	Les parents de Stéphanie ne viennent pas quand il y a un problème parce que ça ne les intéresse pas.	☒
	Les parents de Stéphanie ne peuvent pas venir quand il y a un problème parce qu'ils travaillent.	☐
	Les parents de Stéphanie viennent toujours quand il y a un problème.	☐
5.	Dans ses rêves, Stéphanie aime voler comme un oiseau.	☒
	Stéphanie rêve d'être pilote d'avion.	☐
	Stéphanie a peur de prendre l'avion.	☐

2 Ecrire: Et ton école?

Mögliche Lösung:
Mon école s'appelle Gymnasium XX. Il y a 1400 élèves et 100 professeurs. On y va du lundi au vendredi et les cours commencent à 8 heures. Il y a une cantine et une bibliothèque, mais il n'y a pas d'infirmerie. Les autres élèves sont sympas et pour les profs – bof, ça va !

Sprache:
Adverbien

Bewertungsvorschlag:

Aufgabe 1	14 Punkte	70 %
Aufgabe 2	6 Punkte (Sprache: 3/Inhalt: 3)	30 % (Sprache: 50% / Inhalt: 50 %)
Summe	20 Punkte	100 %

nom: classe: date:

1 Ecrire: Fan de ...

Ecris un e-mail à ton groupe ou ton chanteur/ta chanteuse préféré(e).

Tu peux parler
– de la musique
– du site Internet de l'artiste
– des concerts que tu vas voir
– des CD que tu vas acheter
– des vidéos que tu as vues

De:

A:

2 Ecouter: On organise le concert.

14 Un groupe de jeunes fait de la musique à Lyon.
Ils ont bientôt un concert et ils discutent pour l'organiser.
Ecoute et note les informations sur leur soirée de concert.

1. Date du concert:

samedi 4 juin ☐	samedi 14 juin ☐	samedi 21 juin ☐

2. Ils doivent installer les instruments sur la scène à:

20h ☐	20h30 ☐	21h ☐

3. Début du concert:

20h30 ☐	21h00 ☐	21h30 ☐

4. Fin du concert:

21h00 ☐	21h30 ☐	22h00 ☐

1 Ecrire: Fan de ...

Mögliche Lösung:
Salut!
J'écoute votre musique depuis trois ans et elle est vraiment géniale! Hier, j'ai regardé votre site Internet qui est trop cool. J'ai tout de suite trouvé les concerts et je viendrai vous écouter le mois prochain à Toulouse.
Mais il y a un petit problème: J'ai aussi vu votre vidéo. Malheureusement, elle ne me plaît pas parce que vous vous moquez trop des filles. C'est nul! Alors, la prochaine fois, faites une vidéo plus sympa!
Si la prochaine vidéo est canon, j'achèterai tout de suite votre nouveau CD. C'est sûr!

A bientôt
X, un(e) VRAI(E) fan pour toujours ☺

2 Ecouter: On organise le concert.

14 L **Hörtext:**
Junge 1: Bon alors, il faut qu'on parle des détails du concert parce que c'est bientôt!
Mädchen 1: C'est toujours le vendredi 3 juin?
Junge 2: Non, les organisateurs nous ont demandé une autre date, ils nous proposent le samedi 4 juin.
Mädchen 2: C'est beaucoup mieux: Le samedi soir, on aura plus de monde à notre concert!
Junge 1: Oui, c'est mieux que le vendredi soir.
Mädchen 1: Et c'est à quelle heure?
Junge 2: On passera entre 9 et 10 heures.
Junge 1: Du matin? Mais je ne serai pas réveillé!
Junge 2: Non, du soir, bien sûr! On passera entre deux autres groupes, mais on devra prendre notre matériel tout de suite parce que l'autre groupe commence à 22h30.
Mädchen 1: Alors c'est la même chose avant notre concert. Comme il y aura l'autre groupe, on n'aura pas beaucoup de temps pour préparer la scène et installer les instruments.
Junge 1: On aura une demi-heure, c'est ça?
Junge 2: Oui. On sera prêts à huit heures et demie, on installe les instruments sur la scène ...
Mädchen 2: ... On fait le concert à neuf heures.
Mädchen 1: ... Et à dix heures, on a fini!
Junge 1: C'est ça! Vous avez noté les horaires?
Junge 2: Oui, c'est bon. OK!

Lösung:
1. Date du concert: samedi 4 juin
2. Ils doivent installer les instruments sur la scène à: 20h30
3. Début du concert: 21h00
4. Fin du concert: 22h00

Sprache:
Etwas besprechen und organisieren *(futur simple)*
Notizen machen

Bewertungsvorschlag:

Aufgabe 1	12 Punkte	70 % (Sprache: 50% / Inhalt: 50 %)
Aufgabe 2	8 Punkte	30 %
Summe	20 Punkte	100 %

nom: classe: date:

1 Ecrire: Une petite histoire

Choisis une image et raconte l'histoire de cette image dans ton cahier ou sur une feuille de papier.

2 Lire: Quelle histoire!

Léa veut acheter un livre en ligne. Elle lit les résumés suivants sur un site Internet. Ce sont quels types de livre? Trouve pour chaque résumé la bonne explication: A, B, C où D?

Datei Bearbeiten Ansicht Favoriten Extras ?

Zurück Suchen Favoriten Medien

Adresse http:// Wechseln zu Links

A Résumé du livre

Les grands-parents de Justine sont morts un soir de novembre, non loin de leur maison. Mais que s'est il passé cette nuit là? Le repas est toujours sur la table. La police pense à un suicide. Mais Justine ne veut pas le croire et commence à mener une enquête. Pour découvrir la vérité, elle remontera à la jeunesse de ses grands-parents pendant la Seconde Guerre mondiale. Mais quel terrible secret va découvrir notre détective en herbe?
Prix: 6 €

B Résumé du livre

Emilie vit dans une maison isolée dans la campagne ardéchoise. Elle a quatorze ans et le lycée, ce n'est pas trop pour elle. Elle s'y ennuie et attend toujours avec impatience le week-end pour se balader en forêt et retrouver Florent ... Sur le chemin un peu compliqué de la vie, les deux ados apprennent à se connaître. L'auteur nous parle de la rencontre entre ses deux ados qui se cherchent et qui vont s'aimer.
Prix: 7,50 €

C Résumé du livre

Quatre amis, une souris, une araignée, un chat et un lapin décident de grimper jusqu'au ciel pour découvrir le secret des étoiles. En arrivant là-haut, ils rencontrent une vieille étoile qui les emmènera dans un long voyage à travers le ciel. Une très belle histoire pleine de poésie et de tendresse pour faire rêver les tout-petits. Livre illustré par Jeanne LeRay.
Prix: 12 €

D Résumé du livre

Ce livre va vous faire découvrir et comprendre la littérature française et francophone en vous proposant des textes en tous genres (roman, poésie, théâtre, nouvelle ...), du Moyen Age à nos jours en passant par la littérature contemporaine (19e et 20e siècles). Les textes sont classés par ordre chronologique. Sur la page de gauche, vous retrouverez le texte, une courte biographie de l'auteur et des notes explicatives. Sur la page de droite: Des activités et des exercices. A la fin du livre, un index par auteur et un glossaire expliquant les termes littéraires complètent cet ouvrage.
Prix: 18,20 €

Internet

Ecris la bonne lettre. A, B, C où D?

C'est un livre pour les enfants.	
C'est un roman policier.	
C'est une histoire d'amour.	
C'est un livre qui donne des informations.	

1 Ecrire: Une petite histoire

Musterlösungen:

Bild 1: L'histoire commence l'été dernier. Pendant ses vacances en Espagne, Charlotte est tombée amoureuse d'un garçon, Pedro. C'était le grand amour. Pedro était grand, beau et fort. Ils riaient beaucoup ensemble. Charlotte était très heureuse. Elle pensait que c'était le grand amour. Pedro lui avait dit: «Je viendrais te voir à Noël en France. 5 mois ce n'est pas très long.» 5 mois bien sûr, ce n'est pas très long quand on aime. Au début, Pedro lui écrivait tous les jours, puis il l'appelait une fois par semaine. Pour finir, il lui envoyait un SMS une fois par mois. Et un jour, plus de nouvelles ... Alors, Charlotte lui a envoyé des SMS et des e-mails, mais Pedro ne répondait pas ... Puis un jour, elle a reçu une lettre de Pedro qui lui disait que finalement leur histoire d'amour était juste une histoire de vacances. C'était la fin de leur histoire.

Bild 2: C'est l'histoire de Pierre et de Marie qui viennent de se rencontrer. Un jour, Pierre veut inviter Marie à manger: «Marie, est-ce que tu aimerais qu'on mange ensemble, ce soir?» Marie: «Avec plaisir! J'adore les restaurants!» Pierre: «Euh, je pensais t'inviter chez moi. Tu sais, je suis un ... super cuisinier!» Comme Marie est d'accord, Pierre court au supermarché pour faire les courses. Quand il rentre, il commence à préparer le repas. Le problème, c'est que Pierre aime plutôt les hamburgers et c'est la première fois qu'il fait la cuisine ... Quand Marie arrive, Pierre est encore en train de travailler et de s'énerver: «Zut, Marie arrive et je n'ai pas encore fini ...» Mais ce n'est pas grave. Marie reste dans la cuisine pendant que Pierre travaille. Elle est heureuse d'être avec lui, pourtant elle voit bien que c'est la catastrophe! Rien ne marche parce qu'il est trop nerveux ... Pour finir, elle dit à Pierre: «Est-ce que tu ne préfères pas aller au restaurant? Je t'invite!» Finalement, Pierre est d'accord ...

Bild 3: C'était un samedi soir au mois de juin. La mère de Julie devait partir vite chez sa grand-mère qui était tombée malade. Ça n'était pas grave, mais la mère de Julie voulait lui rendre visite. Julie devait donc rester seule à la maison. Elle avait dit à sa mère: «Ne t'inquiète pas, maman. Tu sais, je dois préparer mon baccalauréat. Je dois beaucoup travailler ...» La mère avait alors répondu: «Mais Julie, tu dois aussi t'amuser un peu, va au cinéma par exemple ... Oh, mais il est déjà 17 heures, j'y vais. A lundi!» Julie avait tout de suite appelé tous ses amis: «Salut, Lucas. Ça va? Qu'est-ce que tu fais ce soir? J'organise une fête, tu viens ...?» A 19 heures, l'appartement de Julie était plein. Karim avait ramené des bouteilles de coca, Noémie et Lola avaient fait des quiches, Sébastien faisait le DJ ... C'était la soirée de l'année! Le lendemain matin, Julie qui était encore au lit, entend un bruit bizarre: «Coucou, c'est moi!» Elle se lève et qui est-ce qu'elle voit dans le salon? Sa mère qui venait d'arriver: «Julie, qu'est-ce qui s'est passé? Tu m'as dit que tu voulais travailler pour ton bac ...» Julie finit par dire: «Mais maman, tu m'as pas dit que je devais m'amuser ...»

2 Lire: Quelle histoire!

Lösung:

C'est un livre pour les enfants.	C
C'est un roman policier.	A
C'est une histoire d'amour.	B
C'est un livre qui donne des informations.	D

Sprache:
Geschichte erzählen

Bewertungsvorschlag:

Aufgabe 1	14 Punkte	70 % (Sprache: 50% / Inhalt: 50 %)
Aufgabe 2	6 Punkte	30 %
Summe	20 Punkte	100 %

nom: classe: date:

1 Ecouter: Une interview

15 Ecoute cette interview à la radio, puis réponds aux questions.

a Comment s'appelle la radio?

Radio-Provence ▢	Provence-Radio ▢	Radio en Provence ▢

b Relie les noms des pompiers avec ce qu'ils disent.

Pompier volontaire *(freiwillig)* •		• «Mon métier, c'est pompier.»
Pompier professionnel •		• «Pompier, c'est mon métier, mais j'appartiens à l'armée.»
Pompier militaire •		• «J'ai un autre métier, mais je suis pompier le week-end.»

c Où est-ce que ces pompiers travaillent?

Pompier volontaire *(freiwillig)* •		• A Paris et Marseille.
Pompier professionnel •		• Dans un village.
Pompier militaire •		• Dans une grande ville.

2 Médiation: C'est la Drôme!

Die folgende Seite berichtet über das Département Drôme in Süd-Frankreich. Worum handelt es sich hier überhaupt? Dein Freund versteht kein Französisch. Du stellst ihm die Seite kurz vor und fasst 3 Abschnitte deiner Wahl mit Stichworten zusammen.

1. ____________________

____

____

2. ____________________

____

____

3. ____________________

____

____

nom: classe: date:

Budget

MÉDIATHÈQUE

Avec un budget de 0,9 M€, le département de la Drôme offre des services adaptés aux attentes des Drômois.
Quelques chiffres:
- 78 agents
- 5 bibliobus et 12 véhicules de liaison
- 117 bibliothèques dans tout le département et 5 médiathèques
- plus d'1 million de documents empruntés (livres, CD, DVD, revues …)
- 30 000 documents nouveaux achetés chaque année

Depuis 2010, la réservation en ligne de documents est possible sur le site Internet de la médiathèque.

NATURE

2,1 M€ pour la protection des espaces naturels et pour la préservation de l'environnement. Le département a développé depuis de nombreuses années une politique visant à préserver l'environnement en améliorant la qualité de l'eau, en recyclant les déchets et en soutenant les énergies renouvelables. Cet engagement se traduit également par le soutien au Parc Naturel du Vercors et la création d'un Parc Naturel Régional des Baronnies.

QUALITÉ

Le département accompagne les agriculteurs et les encourage à faire connaître leurs produits de grande qualité. En 2007, le Conseil général a consacré à l'agriculture bio un budget de 3,2 millions d'euros pour aider les 7100 exploitations agricoles à se développer, à se moderniser et à promouvoir la qualité de leurs produits. L'agriculture drômoise est spécialisée dans l'aviculture, les fruits et légumes, les vins, les plantes aromatiques, l'élevage ...

VERT

Le département a opté pour des bus urbains de nouvelle génération, écolo et design, qui vont entrer progressivement en service à partir de septembre. L'investissement du département représente 3,5 millions d'euros pour l'ensemble du réseau de transport.

RSA

Les personnes défavorisées sont au cœur de la politique de solidarité du département. Plus de 16 000 Drômois bénéficient du Revenu de Solidarité Active (RSA). Afin de lutter contre l'exclusion, le département a alloué un budget de 62,9 M€, destiné à aider les personnes défavorisées et à soutenir l'accès au logement pour les plus démunis.

POMPIERS

22,7 M€ sont alloués au Service départemental d'incendie et de secours de la Drôme afin de renforcer la sécurité de tous les habitants du département et celle des 3000 sapeurs pompiers professionnels et volontaires au service de la population. Objectif: Offrir une sécurité renforcée aux Drômois.

1 Ecouter: Une interview

15 **Hörtext:**

Journaliste: Bonjour! Vous écoutez Radio-Provence, il est 16h30.
Chaque année, le feu est le plus grand problème de notre région. Nous voyons les camions des pompiers et les Canadairs à la télévision, nous admirons le courage de ces hommes quand il y a des grands incendies de forêt. Mais qui sont les pompiers? Nous sommes allés leur poser la question.
Bonjour, Capitaine! Vous êtes à la tête d'une caserne de pompiers à Nice. Est-ce que vous pouvez nous parler du métier de pompier?

Capitaine: Bonjour! Et bien, d'abord, beaucoup de gens ne savent pas qu'il y a plusieurs catégories de pompiers. Il y a les pompiers volontaires qui peuvent donner du temps, mais qui ont un autre métier. Il y a les pompiers professionnels dont c'est le métier. Et puis, il y a aussi les pompiers militaires qui sont des militaires. Il n'y a que deux villes qui ont des pompiers militaires: C'est Paris et Marseille.

Journaliste: Et où est-ce qu'on trouve les pompiers professionnels et volontaires?

Capitaine: On trouve les pompiers professionnels et les pompiers volontaires dans les grandes villes. Et dans les petits villages, il n'y a souvent que des pompiers volontaires.

Journaliste: Et quelle formation ont ces pompiers?

Capitaine: Tous les pompiers ont une première formation avec une partie incendie et une partie secourisme. Et puis, s'ils le veulent, ils peuvent faire des stages spécialisés pour les feux de forêt ou les accidents de la route, par exemple.

Journaliste: Merci pour toutes ces informations, Capitaine! Au revoir!

Lösungen:

a ☒ Radio-Provence

b

Pompier volontaire *(freiwillig)* •	• «Mon métier, c'est pompier.»
Pompier professionnel •	• «Pompier, c'est mon métier, mais j'appartiens à l'armée.»
Pompier militaire •	• «J'ai un autre métier, mais je suis pompier le week-end.»

c

Pompier volontaire *(freiwillig)* •	• A Paris et Marseille.
Pompier professionnel •	• Dans un village.
Pompier militaire •	• Dans une grande ville.

2 Médiation: C'est la Drôme!

Mögliche Lösungen:
Es handelt sich um den Haushaltsplan des Departments Drôme.
Médiathèque: Im Departement gibt es 5 Mediotheken und 117 Bibliotheken. (0,9 Millionen €)
Nature: Umweltschutz. (2,1 M. €)
Qualité: Das Departement unterstützt Bio-Landwirtschaft. (3,2 M. €)
Vert: Öko-Verkehrsmittel. (3,5 M. €)
Pompiers: Mehr Sicherheit für das Departement. (22,7 M. €)
RSA: Soziale Hilfe. (62,9 M. €)

Sprache:
Feuerwehr

Bewertungsvorschlag:

Aufgabe 1a	1 Punkte	60 %
Aufgabe 1b	3 Punkte	
Aufgabe 1c	3 Punkte	
Aufgabe 2	6 Punkte	40 %
Summe	13 Punkte	100 %

nom: classe: date:

1 Lire: Ma corres pas possible …

A treize ans, la journaliste Virginie Vandamme a rencontré pour la première fois sa correspondante allemande, qui est devenue sa meilleure amie. Elle raconte le début de cette longue amitié.

Mes copines du collège sont là aussi, avec leur maman. Je vois Marie et Laure qui discutent ensemble et Gwenaëlle, ma meilleure amie. Et il y a aussi Sylvain qui semble très excité et qui parle avec Stéphane, pendant que Benoît, le plus petit du groupe, ne dit rien.
Les Allemands, eux, se sont mis de l'autre côté de la salle, et attendent aussi qu'on leur dise de s'installer. Ils font beaucoup de bruit, et regardent de temps en temps dans notre direction. Et puis, ça y est.
On s'installe, le maire parle là-bas, devant sur une petite tribune. On entend des mots comme «premier jumelage de la commune … scolaires … symbolique … événement … histoire … séjour …» Avec Laure et Marie, on n'écoute pas …
«Comment elle s'appelle, la tienne?» «Annette, et toi?» «Cornelia.» «C'est quelle fille?» «Je ne sais pas, moi, c'est pas écrit dessus!» Benoît qui est à côté de moi tortille son pull. «Je suis sûr que je vais tomber sur lui, là-bas … Beurk, il a pas l'air facile …», me dit-il et montre discrètement un grand garçon, les cheveux en brosse avec un blouson jaune fluo.
L'appel commence. Comme d'habitude, je suis à la fin de la liste, car mon nom commence par un V. Laure, puis Marie reviennent s'installer, accompagnées de leur correspondante, à qui elles demandent tout de suite: «Sprichst du Französisch?» «Un tout petit peu», répondent-elles intimidées. Et moi? Elle n'est pas là la mienne? Et si elle n'était pas venue? …
Tout à coup, c'est mon tour, on m'appelle. Je m'avance, le cœur à cent à l'heure pendant que je traverse la foule assise qui me regarde.
En même temps, une autre jeune fait le même chemin à l'autre bout de la salle. Je l'entraîne bien vite vers mes copines. Je veux lui poser la même question, mais Cornelia me devance: «Ich spreche kein Französisch.» Quoi? Tu peux redire ça? Elle répète docilement, gênée, comme en s'excusant. Mais c'est quoi, cette fille qui vient chez moi sans parler français? Et comment je vais faire, moi? C'est pourtant bien vrai. Elle n'a pas l'air de faire semblant, ne prononce aucun mot de français, rien. C'est alors que je commence à rire comme une folle. Je ris, je ris! Je ne peux pas m'arrêter. Je suis tombée sur la seule fille de tout le bus qui ne parle pas français! J'ai vraiment de la chance!

Lis le texte, puis coche les bonnes réponses.

1. La journaliste Virginie Vandamme …		
☐ a depuis treize ans une correspondante.	☐ connaît sa correspondante depuis treize ans.	☐ a treize ans quand elle rencontre sa corres allemande.
2. Dans la salle, les élèves français …		
☐ sont nerveux.	☐ se sentent bien.	☐ ne parlent pas.
3. Comment sont les Allemands?		
☐ Ils ne parlent pas.	☐ Ils parlent un peu.	☐ Ils parlent beaucoup.
4. La corres de Virginie Vandamme …		
☐ ne parle pas le français.	☐ parle très bien le français.	☐ n'est pas là.
5. Comment réagit Virginie Vandamme?		
☐ Elle est contente parce que sa corres aime rire.	☐ Elle est contente parce qu'elle va beaucoup discuter avec sa corres.	☐ Elle pense que ça va être difficile avec sa corres.

2 Ecrire: Un corres parfait!

Qu'est-ce qu'il faut faire pour être un(e) bon(ne) correspondant(e)? Donne cinq conseils dans ton cahier ou une feuille de papier.

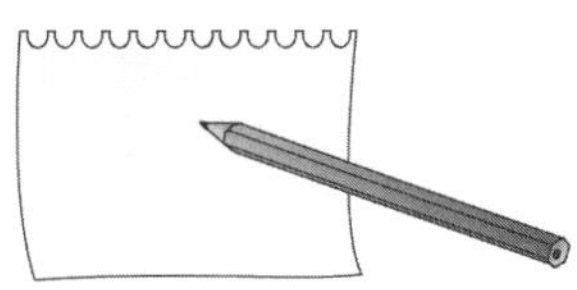

Exemple: Pour être un(e) bon(ne) correspondant(e), il est important que tu parles la langue de ton/ta correspondant(e).

1 Lire: Ma corres pas possible …

Lösungen:

1. La journaliste Virginie Vandamme …		
☐ a depuis treize ans une correspondante.	☐ connaît sa correspondante depuis treize ans.	☒ a treize ans quand elle rencontre sa corres allemande.
2. Dans la salle, les élèves français …		
☒ sont nerveux.	☐ se sentent bien.	☐ ne parlent pas.
3. Comment sont les Allemands?		
☐ Ils ne parlent pas.	☐ Ils parlent un peu.	☒ Ils parlent beaucoup.
4. La corres de Virginie Vandamme …		
☒ ne parle pas le français.	☐ parle très bien le français.	☐ n'est pas là.
5. Comment réagit Virginie Vandamme?		
☐ Elle est contente parce que sa corres aime rire.	☐ Elle est contente parce qu'elle va beaucoup discuter avec sa corres.	☒ Elle pense que ça va être difficile avec sa corres.

2 Ecrire: Un corres parfait!

Mögliche Lösungen:
1. Pour être un(e) bon(ne) correspondant(e), c'est bien que tu sois gentil(le).
2. Pour être un(e) bon(ne) correspondant(e), il faut que tu dises ce que tu as envie de faire.
3. Pour être un(e) bon(ne) correspondant(e), il est important que tu répondes aux questions.
4. Pour être un(e) bon(ne) correspondant(e), il est nécessaire que tu ne fasses pas de bêtises à l'école.
5. Pour être un(e) bon(ne) correspondant(e), il faut que tu n'écrives pas toute la journée des SMS à tes copains/copines à la maison.

Sprache:
Subjonctif

Bewertungsvorschlag:

Aufgabe 1	5 Punkte	70 %
Aufgabe 2	3 Punkte	30 % (Sprache: 70% / Inhalt: 30 %)
Summe	8 Punkte	100 %

nom: classe: date:

1 Ecrire: Un e-mail du Québec

Tu passes tes vacances au Québec. Ecris un e-mail à ton/ta corres en France.

De:

A:

Objet:

2 Médiation: Redde mer Elsassisch!

Deine französische Brieffreundin ist bei dir zu Besuch. Sie kann zwar etwas Deutsch, aber nicht genügend um folgenden Text zu verstehen. Kannst du ihn kurz auf Französisch für sie zusammenfassen? Versuche nicht Wort für Wort zu übersetzen! Schreibe in dein Heft oder auf ein loses Blatt.

Erfreut bin ich über einen Bericht, der am 18. März 2006 in der „Badischen Zeitung" unter dem Titel „Redde mer Elsassisch!" erschien. Die Autorin schreibt darin, dass „Elsässisch wieder voll im Trend" liege und sich junge Elsässer für den Dialekt ihrer Großeltern begeistern - zumindest dem Dialekt positiv gegenüber stehen. Unzweifelhaft ist, dass zweisprachige Elsässer deutliche Vorteile auf dem Arbeitsmarkt beiderseits des Rheins in Deutschland und in der Schweiz haben. „Elsässisch ist die meistgesprochene Regionalsprache Frankreichs", heißt es in dem Zeitungs-Interview, und so lange die Elsässer selbst an die Zukunft ihrer Sprache glauben, wird sie auch nicht untergehen. Motivation für junge Elsässer zum Kennen- und Sprechen lernen des „Elsassisch" ist - so ist in dem BZ-Bericht weiter zu lesen - der Wunsch, „das kulturelle Erbe und die eigenen Wurzeln wieder zu finden".

Sieglinde Lange © Heimetsproch, 2010.

Dafür brauchst du vielleicht aus dem Wörterbuch Folgendes:

Elsässisch **l'alsacien** *(m.)* – ein,e ElsässerIn **un,e Alsacien,ne** – Ein Dialekt **un dialecte** – seine Wurzeln wieder finden – **retrouver ses racines**

1 Ecrire: Un e-mail du Québec

Mögliche Lösung:
Salut X,

Bonjour du Québec! «Icitte» (ça veut dire «ici») on parle avec un drôle d'accent que je comprends encore moins qu'en France, mais je m'habitue! En plus, souvent les gens sont bilingues et c'est écrit en français et en anglais. Ça, c'est vraiment une bonne idée. On devrait le faire en France aussi ;-)
Pourtant, le reste est GÉNIAL! On a déjà vu des baleines sur la côte, on a «magasiné» dans «la ville souterraine» à Montréal et on est allé voir un match de hockey sur glace. Mais ce n'est pas mon sport – je préfère le foot …
Tu connais le sirop d'érable? On peut le manger avec des crêpes! C'est vraiment très bon. J'en ai acheté trois bouteilles et je t'en offrirai une quand tu viendras me voir en automne!

A bientôt!
XX

2 Médiation: Redde mer Elsassisch!

Mögliche Lösung:
Dans le "Badische Zeitung" (c'est un journal de la région du Bade), il y a un article sur le dialecte alsacien. L'article dit que c'est important de parler alsacien et français parce que les Alsaciens peuvent ainsi travailler en Allemagne ou en Suisse. Et les jeunes Alsaciens peuvent retrouver leurs racines en apprenant leur dialecte.

Sprache:
Sprachen
Francophonie

Bewertungsvorschlag:

Aufgabe 1	12 Punkte	60 % (Sprache: 50 % / Inhalt: 50 %)
Aufgabe 2	8 Punkte	40 % (Sprache: 60 % / Inhalt: 40 %)
Summe	20 Punkte	100 %